他人に聞けない
お金の常識
大全《たいぜん》

マネー・リサーチ・クラブ［編］

青春出版社

お金持ちだけが知っている〝儲けの鉱脈〟とは？——はじめに

毎月決まった収入はあっても、お金に羽が生えたように、気がつけばいつのまにか財布からお金がなくなっている——。なぜ？　どうして？　どうしたらいいの？　そんなふうに思っているなら、ぜひ、本書を手に取ってほしい。この厳しい時代、あの業界やあの会社、あのお金持ちはどのように生き抜こうとしているのか、私たちはどうお金と向き合っていったらよいのか、この本にはそんなお金とビジネスにまつわるヒントが満載である。

たとえば、返品自由でも「ネット通販」はなぜ儲かるのか？　新ビジネスモデル「サブスクリプション方式」の仕組みとは？　成功者が大事にしている「金遣いより気遣いの法則」とは？　など、お金持ちだけが知っている「お金」の新常識が詰まっている。

そもそも、気がつくと財布が空っぽになっているという人は、お金の〝下ろし方〟で失敗していることが多い。さっそく本書を読んで、ぜひお金の「稼ぎ方」「殖やし方」「使い方」のコツを身につけてほしい。

〝儲けの鉱脈〟は意外な場所に眠っているのである。

２０１９年12月

マネー・リサーチ・クラブ

Step1 なぜかお金が集まる人の「メンタル」——17

目　次

Step2 お金をめぐる最新キーワード――65

Step4

◉カバーイラスト　iStock.com/Rakdee
◉本文イラスト　坂本浩子
◉ＤＴＰ　フジマックオフィス
◉制作　新井イッセー事務所

Step1
なぜかお金が集まる人の「メンタル」

お金は「信用」を形にしたモノだと心得る

太古の昔、経済の取引は物々交換で行われていた。食べ物と衣服、衣服と水といった具合に、互いが持ち寄るモノの価値をすり合わせることで、取引を成立させていた。

そして、この等価交換をより明確にするために生まれたのが「カネ」である。といっても最初は貝殻や石など、自然貨幣からのスタートだった。それでもこのときすでに貨幣には「信用」が不可欠だった。

たとえば、甕《かめ》一杯の水が貝殻の貨幣5枚の価値があったとしても、その貝殻自体に信用がなくては取り引きは成立しない。つまり、お金というのは信用を形にしたものなのである。

そう考えれば、「お金持ちになるということは信用を集めること」と同じだといっていいだろう。

では、信用を集めるにはどうすればいいか。それには、信用される金銭感覚の持ち主であることが不可欠である。

たとえば何か事業を興そうとしても、いつも他人に小金を借りて返さない人であったり、無計画に飲み歩く人であったり、お金にルーズな人には誰も出資しようとは思わない。

また、巷で募金活動が行われていたとしても、募金の意図やお金の動きが明確にされていなければ、誰も寄付をしようとは思わないだろう。

人は財布からお金を出すときにはそのときの状況をシビアに観察する。お金は誰にとっても大事なものだからだ。

もちろん、お金持ち全員が人格者だとは限らない。だが、そのお金がまっとうな金である限り、ある程度信用がある人にしか大金は集まらない。

つまり、お金持ちになりたければ、まず他人から信用される人間になるべきなのである。

お金は血と涙の結晶という考え方を捨てる

それまで1勝もしたことがなかった弱小野球チームが、地道な努力と仲間の結束によって悲願の初勝利！

世間はこんな感動のストーリーが大好きだ。

もっと具体的にいえば、スポーツ万能の少年が放ったクリーンヒットと、何をやっても不器用な控え選手がようやく決めた内野安打であれば、後者をより称える傾向にある。

どちらも同じヒットなのにその感動には差がある。そこには〝努力の結晶〟といった付加価値が加えられるからである。つまり、見る人によってはこの両者のヒットは「同じ1本ではない」というわけだ。

もちろんこうした考え方もいいとは思うが、ことお金に関しては違う。1万円には1万円の価値しかない。

炎天下の肉体労働で汗して稼いだ1万円も、偶然道端で拾った1万円も、懸賞で運よく当たった1万円も、すべては同じ1万円。それ以上でもそれ以下でもない。このことを心得ていないと「お金を使う能力」はいつまでたっても向上しないのだ。

たとえば、「節約につぐ節約でようやく貯めた100万円をひと晩で使った」と聞けば、誰もが「ええっ？」と眉をひそめるのではないだろうか。そして「もったいない」とか「それまでの苦労が水の泡じゃないか」という感想が出るだろう。

だが、ここで大事なのはその100万円をどのようにして貯めたのかではない。どのように〝使うか〟なのである。

「ひと晩で100万円」が必ずしも無駄遣いとは限らない。将来につながる投資かもしれないし、会社の命運を分ける出資かもしれない。そのお金を手にした苦労にとらわれすぎて、使うべきところで使えなければ、いつまでたってもお金をコントロールすることはできない。

苦労して貯めたお金なのだから大事に使うべきだという考え方は、お金を支配しているつもりで、じつは反対にお金に支配されているのかもしれない。お金をもっとも効果的に使うこと、これこそが大切なのだ。

「お金がなくなった自分」をリアルに想像する

ひとつのことを極めるプロフェッショナルになるには、そのものへのこだわりを持つことが欠かせない。たとえば日本一の寿司職人になりたいなら、寿司について誰よりも研究し、自分だけのこだわりや技術を磨くべきだ。

では「お金持ち」になるためには、お金にこだわりを持つべきなのだろうか。それに対する答えはおそらくノーである。お金の使い方については、しっかりと学ぶべきだし、自分なりのマネー哲学をもつことは必要だ。

だが、お金そのものにこだわりをもって執着するのはあまりいいとは思えない。なぜなら、お金には良くも悪くも、人の心を動かしてしまう力があるからだ。

「金の切れ目が縁の切れ目」ということわざがあるように、お金の存在は人間関係にも大きく影響する。

長年の親友同士だったふたりが、わずかなお金の貸し借りで今までの良好な関係を悪化させることもあるし、円満な夫婦の関係が借金によってあっという間に破綻するケースもある。それまで善良だった人が、大金に目がくらんで悪事に手を染めるといったニュースも枚挙にいとまがない。

このことからもわかるように、「お金」とは人間から簡単に理性を奪い取ってしまうものなのだ。だからこそ、お金に変にこだわったり執着したりすると、あっさりと身を持ち崩してしまうのである。

そうならないためには、どうすればいいのだろうか。それには、ふだんからお金があってもなくても平静でいられる気持ちを持ちたいものである。

たとえば、異性に貢いだ挙句に捨てられ、恋人と財産を一度に失ってボロボロになるというパターンだ。人間は恋愛とお金を同時に失くすと、単なる失恋以上に計り知れない大きなダメージを受けるものだからだ。

したがって、お金については割り切っていつまでもくよくよしないようにしたい。「命までとられやしない」というくらいの楽観的思考が必要なのだ。

お金に執着するほど、つまずいたときのダメージは大きい。お金があってもなくても変わらぬ自分を確立しておくことが、正しいお金持ちのありようである。

対人関係が悪化すると人は散財したくなる

以前、イギリスのオーディション番組に出場し、携帯電話のセールスマンから一夜にしてテノール歌手になった男性が話題になったことがあった。

そのサクセスストーリーはインターネットの動画によって世界に配信され、日本でもおおいに注目されたのでご存じの人もいるだろう。

それまでの彼は、貧しさやいじめ、交通事故といった幾多の不運に見舞われ、けっして順調とはいえない人生を送っていた。

だが、そんな彼を支えてくれたのは、最愛の妻だった。事故で働けなくなった彼に代わって家計を支え、小さいころからの憧れだったテノール歌手への夢を後押ししたのだ。そして、彼はみごとに成功をおさめ、妻の献身的な愛に最高の形で応えたのである。

彼の妻は、世界中をまわるツアーに同行し、今も傍らで以前のように彼をサポートしているという。

この話からもわかるように、人生においてパートナーシップの存在は大きい。独身主義を貫く人はともかく、結婚し、子どもをもうけて家庭を築くことが人生設計にあるのなら、ぜひ、このことを忘れないでほしい。

男は金を稼ぎ、女は家を守る。現代社会ではもはや死語といってもいいかもしれないが、とはいえどちらか一方が一家の大黒柱となることは多い。

だが、それでもパートナーが何も生み出していないわけではない。その逆もしかりである。安心して仕事をし、稼ぐためには、相手の協力や信頼が不可欠なのである。つまり、夫婦関係が良好なことが重要なのだ。

いい夫婦関係が持続できれば、心は豊かになれる。しかし、いい夫婦関係がつくれず心が貧しいと、その反動でお金を使いたくなるものだ。働いて得るお金を相手が片っ端から使うようだったら、夫婦関係を見直してみる必要があるだろう。

ついでに、自身をワンマンな性格だと自覚している人は、とくに肝に銘じたほうがいい。成功は自分ひとりの力ではけっして収められないものだからだ。

パートナーシップの力を認め、力を得る。そして、ふたりが精神的に豊かな状態でいることが、究極の「富」なのだ。

「最後に自分を救ってくれる人」のつくり方

世の中には、お金で買えるものと買えないものがある。

たとえば健康だ。どんなに高価な薬を投じても、最先端の手術をしても、現代の医学で治らない病は存在する。

しかも、それはお金のあるなしや、地位のあるなしにかかわらず、誰にでも平等にふりかかってくる。

そういう意味では、お金で買えるものや解決できることは二の次で、むしろ買えないもののほうが大切なのかもしれない。

そこで考えてほしいのだが、もしも、あなたが大きな問題にぶち当たったとして、そのときに手を差し伸べてくれる人はどのくらいいるだろうか。

これは日ごろ、あなたが人間関係をどのように構築しているかにかかっている。

そして、この「人間関係」こそが、お金で買えないものの中でいちばん大切なものなのだ。

家族はもちろん、恋人や友人や仲間など、利害関係抜きでつき合える人がどれだけいるかは、その人にはとってお金以上の財産になる。とくに両親や兄弟といった血縁以外の人との関係性は重要である。

血は水よりも濃いというように、どんなに仲たがいをしていても血のつながった家族は、最後の最後には唯一頼れる存在になる。

一方、アカの他人にはなかなかそれを望めない。昨日まで酒を酌み交わす仲だったのに、簡単に手のひらを返されたり、裏切られたりすることもある。

他人との絆を結ぶものは何か。それは「信頼関係」の一語に尽きる。これさえあれば、友人や仲間はあなたが困難に直面したときに手を差し伸べてくれるし、チャンスをも与えてくれるはずだ。

金銭的な財産はひと晩で手に入る可能性はあるが、人間関係は1日や2日では絶対に構築できない。日々、信頼を積み重ねていくしかないのである。

お金持ちは「遅刻をしない」のはなぜか

時は金なり。

時間とは、お金と同じくらいに価値がある、という考え方である。お金持ちほど、この考えをモットーにしている。

その基本のひとつともいえるのが、どんな場合でも遅刻をしないこと。それが「お金持ち」の第一歩といえる。

多額のお金を動かせるような人物になるためには、先述したようにまず他の人からの信用を得ることが第一だ。

しかし、遅刻をするということは、自分の貴重な時間を無駄にしただけではなく、他人の時間さえも無駄にしたことになる。つまり、相手がお金持ちになる機会も奪ったことになるのだ。

これはけっしてオーバーな表現ではない。遅刻をしていては信用されないし、大きな利益を得られる仕事もまかされないだろう。

そんな人間には、いつしか人も情報も集まってこなくなる。つまりは、お金を得るチャンスが回ってこなくなるのだ。

時間の大切さを知る、そして他人の時間も大切にする、それが肝心だ。

広い意味で、時間に厳しく生きることも必要だ。毎日決まった時間に寝起きする。決まった時間の電車に乗る。食事の時間も休む時間もだいたい決まっている。お金が貯まる人の習性とは、そういうものである。

これを息苦しいとか窮屈だと思っていては、お金持ちになれるチャンスを自ら捨てているようなものだ。ある程度規則正しい生活をすることは、常に自分のベストコンディションを保ち、最高の力を発揮するための最低条件だ。もちろん、周りからの信頼や安心感も得られることになる。

毎日を無駄なく、規則正しく生きること。それが、そのままあなたに富をもたらしてくれるのだ。

お金持ちは問題が起きたときの選択肢を用意している

カレーライスが食べたくなって冷蔵庫を開けたら肉も玉ねぎもなかった……。ふだん料理をしない人でも、このふたつがなかったらその時点でカレーをつくることが困難なことはわかるだろう。

だが、料理上手な人はこういうときにいくつかの方法を思いつく。肉がなければエビやイカを使ってシーフードカレーにしよう、玉ねぎがないならトマトで旨みを出そう、いや、いっそ具のないドライカレーにするのもいいかもしれない、などと瞬時にアイディアが湧いてくるはずだ。

この「料理上手」にあたるのが、お金持ちとして成功している人たちだ。どういうことかというと、何か経済的な問題が起きたときに選択肢をいくつも持っているのである。

たとえば、3つの会社を経営していて、そのうちのひとつが破綻寸前にあるとする。こういう場合、そのまま潰してしまうのか、銀行から融資を取りつけて再建するのか、はたまた残りの2つの会社に吸収させるのか。どれが正解か否かはさておき、少なくとも3通り以上の解決方法を見いだせなくてはならない。

ここで必要な能力は、ずばり経営に関する「知識」と「発想力」だ。料理の話に置き換えれば、カレーに必要なものはいったい何かという知識、そして、一般的にカレーに使わない食材をどのようにすれば使えるかという発想力である。

ここでの選択肢が多ければ多いほど、最善策にたどりつける確率も上がる。限られた条件の中で、苦境をいかにプラスに転じさせることができるか。ふだんからトラブルに対する解決策を考える習慣を身につけたいものだ。

お金持ちはいつも「新しい何か」を探している

お金持ちが常にお金のことばかりを考えているかといえば、それはちょっと違う。もし、そんな人間がいるとすれば、どんなことにも欲深な金の亡者か、損得勘定でしか物事を考えられないセコイ小金持ちとか、せいぜいその程度である。

本当のお金持ちの頭の中は、けっしてお金に支配されていない。その代わり、結果としてお金を得られるような思考を働かせている。わかりやすく言えば「ポジティブシンキング」なのである。

たとえば金回りの悪い人は、「月末の支払い」とか「税金の督促」など、どうし

お金持ちの思考
新しい企画
新しい人脈
新しいチャンス
新規開拓
売上げアップ
次のアイディア
…
金回りの悪い人の思考
月末の支払い
税金の督促
借金の返済
給料カット
リストラ
失業
…

てもお金の工面に毎日アタマを悩ませることになる。
それだけならまだしも、そこから「給料カット」とか「リストラ」とか「失業」といったネガティブな方向へとどんどん陥っていく。まだ直面もしていない危機に悩み、勝手に落ち込んでしまうのである。

逆にお金持ちは、いつも新しいアイディアをふくらませている。「新しい企画」や「新しい人脈」、「新しいチャンス」など、ビジネスに限らず、いつも未来志向型のアンテナを張り巡らせているのである。

じつは人間の行動はこれだけでだいぶ変わってくる。いつもうしろ向きに物事を考えていると、いざ行動に移したときに結果に大きく影響してしまうのだ。

「失敗するのではないか」「どうせダメなのではないか」など、思考回路が悪いほうへ悪いほうへと働くので、せっかくの好機もふいにしてしまったりする。そのうち、性格までも消極的で暗くなってしまうのだ。

仮に今は貧乏でも、できるだけ物事は前向きにとらえたほうがいい。下を向いて歩いていても、せいぜい見つかるのは小銭ぐらいだ。ビッグチャンスは前を向いていなければ絶対につかめない。

ふだんの心の持ちようで将来は変わる。この考え方を実践すれば、誰でもお金持ちになれる可能性はあるのだ。

成功者が大事にしている「金遣いより気遣いの法則」とは？

近ごろはだいぶ減ってはきたが、それでも日本にはまだまだお中元やお歳暮を贈り合う人は多い。会社でも世話になっている取引先や、なかには上司にも必ず贈るというところもあるだろう。

ここで、ちょっと考えてみよう。そのお歳暮やお中元は、贈り物ではなく、単なる習慣になってはいないだろうか。贈り物とは「習慣」や「義理」で贈るものではないし、ましてやお金さえ出せば何でもいいというものでもない。

じつは、お金が集まってくる人の贈り物には、共通点がひとつある。他人に何かを贈るときにお金以上に「気」を遣うということだ。いたずらにお金をかけるのではなく、その人が喜ぶものは何かをきちんと考えるのである。

たとえば、恋人がふだんから飾り気のないファッションを好む女性なのに、コテコテの派手なブランドバッグを贈るのはいかがなものか。「こんなにお金をかけた」という贈り手の自己満足はあるかもしれないが、もらった彼女の気持ちは完全に二の次である。

誕生日だから、クリスマスだからではなく、相手にふさわしいモノを見つけたときにさりげなく贈る。これが本来の贈る側の気持ちだし、成功している人はそれが本当の幸福だということを知っているのだ。

だから、デパートの包装紙がわかればいいような詰め合わせギフトなどは間違っても選ばない。きちんとした人なら、相手の好みをメモして把握しているはずだ。

とはいえ、相手を思いやり、気を遣うことは、お金を使うこと以上に難しい。だからこそ、日ごろの人づき合いでも、できるだけお金より気を遣う習慣をもちたいものだ。

お金持ちは倹約はするがケチではない

子どものころに「将来、何になりたい？」と聞かれて答えるのは、パイロットや医者、サッカー選手などあこがれの職業だった。でも、もう少し成長して同じ質問をされたとき、誰もが一度はこう願ったはずだ。

「お金持ちになりたい」と。

流行のおもちゃにテレビゲーム、ブランド物の服、それに飲み代……。私たちは社会に出る以前から、すでに自由になるお金がなくては手に入らないモノが膨大にあることをまざまざと見せつけられている。そのたびに「お金持ち」へのあこがれは強くなる一方だった。

しかし、そもそもお金持ちとはどういうことなのだろう？

「大金を持っている人」という答えは、ちょっと単純すぎる。正確には、大金を持っていて、なおかつ倹約できる人が本当のお金持ちなのだ。

たとえば、3人のビジネスマンがいて、それぞれに100万円の特別手当が支給されたとする。Aさんはいい機会だとばかりに50万円のスーツを買い、Bさんは20万円をクレジットカードの支払いに当てた。Cさんはとくに欲しいものも支払いの予定もなかったので、100万円をそのまま貯金した。

この時点でCさんは2人よりも確実に〝お金持ち〟だ。

おわかりだろうか、手に入れたお金をどれだけたくさん手元に残すか、これがお金持ちの本質である。1000万円稼いで950万円をパッと使ってしまう人と、100万円稼いで100万円をそのまま残す人では、後者のほうがお金持ちということなのだ。

よく「金持ちほど1円に細かい」というが、その理由は彼らがお金の動きを熟知しているからだ。

使うべきところでは躊躇なく大金を使い、よけいなお金は1円たりとも無駄にすることなく倹約する。つまり、お金持ち＝お金の使い方が上手だということなので

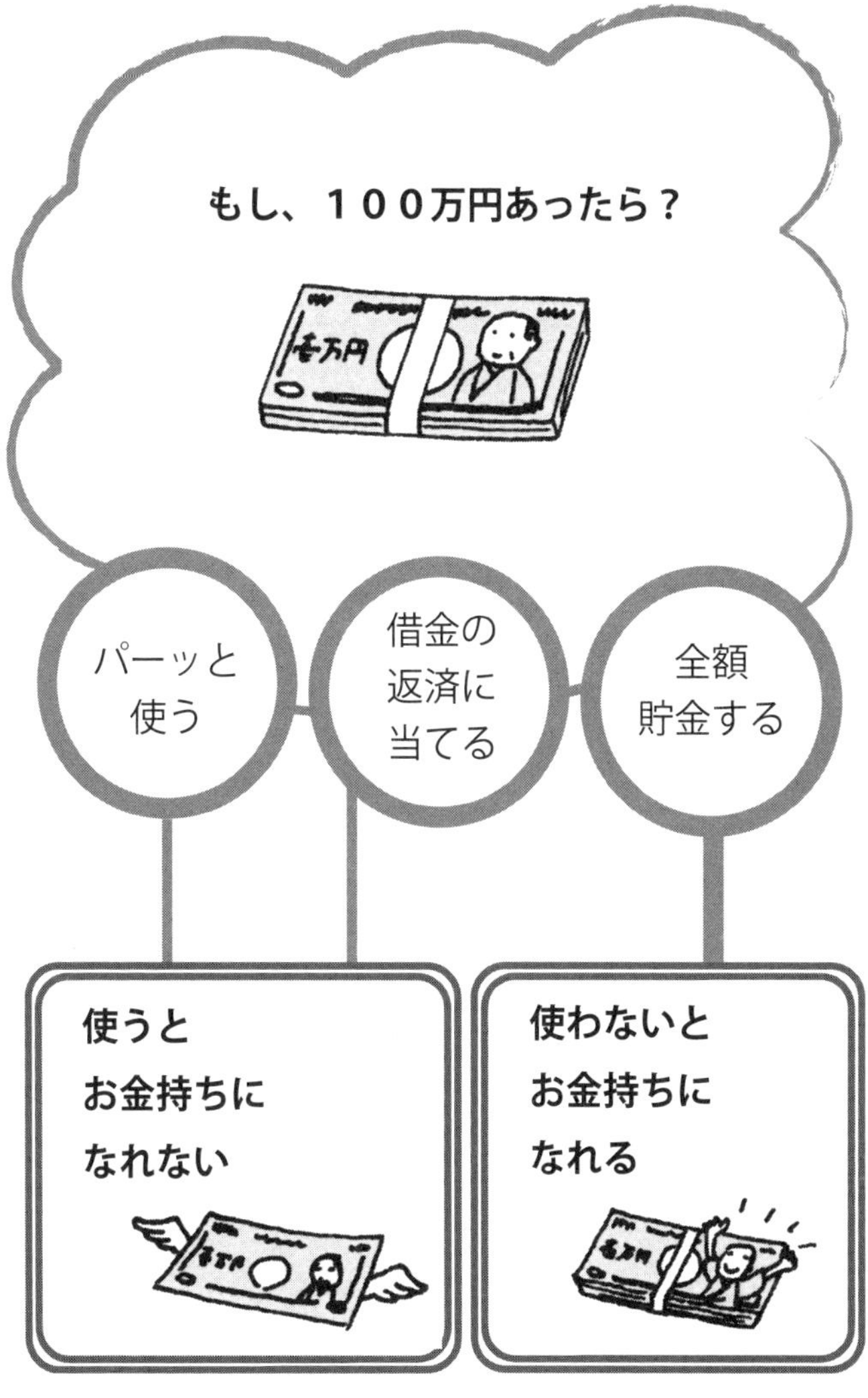
もし、１００万円あったら？
パーッと使う
借金の返済に当てる
全額貯金する
使うとお金持ちになれない
使わないとお金持ちになれる

ある。

ここまで読んで、それでも贅沢三昧の浪費生活をしたい気持ちがあるようなら、お金持ちをめざすのはあきらめたほうがいいかもしれない。逆に、ほんの少しでも共感できる部分があるなら素質は十分にある。

資産家の息子に生まれなくても、宝くじが当たらなくても、誰にだってお金持ちになれる可能性はあるのである。

「何が幸せなのか」を考えると無駄遣いがなくなる

テレビや雑誌で特集されている〝セレブ〟といわれる人たちを見て、「お金があればきっと幸せになれるだろうな」と考えてしまう人は少なくないかもしれない。今、自分が抱えている不平や不満の多くは、お金さえあれば解決できるような気がするからだ。

たとえば、豪邸に住んで高級外車を乗り回している人を見れば、「何の苦労もなく、ぜいたくで幸せな生活を送っているんだろうな」と思う。

突き詰めれば、お金こそが幸せのもと、お金持ちになることがイコール幸せになること、そんな幻想を抱いてしまうわけだ。

果たして、本当に「お金持ち」＝「幸せな人」なのだろうか。

もちろん、そう単純にはいかないものだ。お金持ちになったからといって、必ずしも幸せになれないことは、大の大人であればちょっと考えればわかることである。

かつて世界を席巻したスーパースターのマイケル・ジャクソンは間違いなくお金持ちだった。しかし、多くの人がマイケルはお金持ちにはちがいなかったし、物質的には恵まれていたはずだが、果たして幸せな人生を送ったのだろうかと疑問に思ったはずだ。

誰もが、お金は万能の神であり、世の中はお金さえあれば何でもできるとは考えていないのである。

たとえば、何千坪もあるような豪邸を手に入れたとしても、ひとり暮らしでは寂しいだけだ。

一緒に楽しい時間を過ごす家族もなく、その豪邸に見合うだけの豊かなライフスタイルをつくれなければ、しょせんは宝の持ち腐れである。お金で買えるのは、あくまでも目に見える物質的なものだからだ。

幸せそのものはお金では買えない。幸せとはまず心が満たされなければ得られない。それに、どうすれば心が満たされるのか、どうなれば幸せになれるのかは、人によって異なる。

１００人の人間がいれば、１００通りの「幸せの形」があるはずだ。ちょっと考えれば誰もがわかることだが、お金で苦労している人はそれを案外忘れがちなのである。

まずは、自分にとって何が幸せなのか、どうすれば幸せになれるのかを真剣に考えてはどうだろう。

それをはっきりと自覚できれば、お金はもっとうまく有効活用できるはずだし、後からついてくるはずである。

「最悪のパターン」を想定することが投資の第一歩

投資で損失が出ると、がっくりとうなだれてしまったり、慌てふためいたりしてしまう。とはいえ、リスクのない投資はないのである。損失が出たからといって、手を引いてしまうのは早計で、大事なのはリスクをコントロールできるかどうかということだ。

投資で成功している人は、その商品にどれくらいのリターンがあるか、リスクはどの程度かということをあらかじめ計算している。この場合、重要になってくるのが最悪のパターンを想定することである。

これがわかっていれば、多少の損失があっても「このくらいなら許容範囲だな」と、冷静に状況を分析する余裕が生まれる。また、危なそうだと思えば早めに手を引くこともできる。

つまり、リスクを前もって想定することによって膨大な損失に陥ることを防ぐのである。

また、「分散」もリスク軽減のひとつのコツだ。一時に、ひとつの商品や銘柄に大金を投じて購入すると、それが安値になったときにはダメージが大きくなる。だが、購入の対象をいくつかに分散しておけば、そのうちのひとつが低調になったときでも、ほかのもので損失をカバーできる。両者のプラスマイナスがゼロだったとしても、大きく損をしてしまうよりはずっと安心できるだろう。

ローリスクでハイリターンな商品はない。ハイリターンの商品で一獲千金を狙うより、リスク計算をした投資のほうが、結局は安定した儲けにつながるといえるのだ。

共働きならどちらが何にお金を出せばいいのか

結婚しても夫婦で共稼ぎというのは、今や当たり前になった。フルタイムで働くか、パートで働くかはそれぞれの家庭によって異なるものの、ふたり分の収入があれば、経済的なメリットはより大きくなる。

ところで、共稼ぎの場合、家計管理はどうしているだろうか。いくつかのパターンがあるだろう。

双方が一定の額を持ち寄る「折半派」、家賃は夫、光熱費は妻などとそれぞれが項目ごとに支払いを担当する「分担派」、ふたりの収入を合わせて家計を賄う「合算派」、そして多いほうの収入をメインにして、足りない分をもう片方が補う「補助派」などである。

どのパターンを選択するかは、それぞれの家庭事情によるが、ただし、どちらがどんなことを担当するのかはきちんと決めておくべきだ。

たとえば、夫が長期にわたっての支出、あるいは大きな支出の計画を立て、日々の暮らしのこまごましたことは妻が取り仕切る。また、資金管理や金融などに詳しいほうがメインとなって、家計をやりくりする、といった具合だ。

そして、一度決めたルールが永遠に続くわけではないことも覚えておこう。

子どもが産まれる、家を買う、子どもが独立するなど、夫婦を取り巻く状況は刻々と変化していく。ライフステージに合わせて、見直しをしていくことも必要である。

どちらか一方に任せっきりで、もう一方はまったく家計の状況がつかめていないというのでは、お金は貯まらない。夫婦が家計に関心を持ち、よく話し合うことが大切なのだ。

投資の「始め時」とはいったいいつか

お金を増やすためには、「投資」をするという方法もある。だが、やはりリスクが高いと感じたり、多額の運用資金が必要なのではないかと、手を出すことをためらっている人もいるのではないだろうか。

しかし、投資は早いうちから挑戦したほうがいい。というのも、投資で重要なのは経験と知識だからだ。

一生懸命に1000万の資金を貯めて、それから「さあ、株を始めよう」と思っても、こればかりは急に身につくものではない。

多額の運用資金が貯まるのを待つより、まずは小額の投資からチャレンジしたほうが、経験値を高めることができるというわけである。

当然のことだが、投資にリスクはつきものだ。儲かるときもあれば、大損をすることもある。いきなり大金を運用しようとすれば、そのリスクも大きくなるが、小額であれば痛手も小さくてすむ。

はじめて投資をしようという人にとって、たしかに証券会社の敷居は高いかもしれない。しかし、今はインターネットを通すことで簡単に口座を開設することができるし、小額で投資できる商品も豊富にあるので、自分に合ったものを選んでみたい。

慣れないうちは小さい金額から始め、経験を重ねていくにつれ、徐々に資金を増やせばいいのである。

損失が出れば、たしかに気分はよくない。だが、若いうちなら多少の痛手を食っても立ち直りが早い。失敗も勉強のうちである。

一度の失敗であきらめてしまわず、果敢に挑戦してみるのもそのあとの人生にとってけっしてマイナスにはならないだろう。

お金の恩恵を受けるのに下手なプライドはいらない

大きな買い物をする時は、いつもとはちょっと異なる心理状態になりやすいものだ。

たとえばマイカーの購入でいえば、最初は競合他社と相見積もりをとったりして、少しでもお得なクルマを選ぼうとするのに、いざ車種を決めたあとは、サンルーフだの特殊なセキュリティシステムだのと、予定をしていないオプションを躊躇なくつけてしまう。購入するモノの額が大きいと、金銭感覚がマヒしてくるという好例である。

だが、どれだけ予算がオーバーしても「買わなきゃよかった…」という後悔だけはしたくないのもまた人間心理だ。

内心は「しまった」と思っても、「俺は最初からこれが欲しかったんだ」「好きなものにカネをかけて何が悪い」と、なぜか自分の買い物を正当化しようとする。これは「認知的不協和」と呼ばれる心理だ。

もちろん、実際そのクルマの選択が失敗だったのかどうかは乗り続けてみないとわからないし、そもそもどう考えようと個人の自由だが、あまりにも頑なだと損をする場合もある。

それは、マイホームのように何十年もかけてローンを支払う一生モノの買い物の場合だ。

いうまでもなく住宅ローンの金利は世の中の動きにあわせるように変動する。途中で残金の見直しをはかり、借り換えを検討するというのはもはや常識だが、自分の買い物のしかたを頑なに正当化するようなタイプは、そこがなかなか踏み切れない。

「見直し」＝「最初の自分の買い方を否定すること」だという思い込みが捨てきれないからだ。

住宅ローンの借り換えは、うまくいけば百万単位で残金が減るケースも珍しくない。つまらない固定観念とプライドに邪魔をされて、その恩恵をみすみす逃すほうがよほど損である。

また、どうしてもダメなら「損切り」という考え方もある。居住する市町村の人口減少などで、購入時から資産価値が大幅に減る土地も珍しくない。不動産が〝負動産〟になり下がることは今や当たり前にあることなのだ。

たいした価値もないうえ資産価値が目減りしている住宅にローンを支払い続けるよりは、少々損をしても思い切って売却するという手だってある。株でいうところの〝損切り〟である。

見直しは失敗ではなく方向修正だ。このロジックをもってすれば、大きな損をすることなく自分の資産を守り続けることができるのだ。

どうしても衝動買いがやめられない人が、まずすべきこと

　ダイエット中なのに、つい誘惑に負けてがっつり大盛りのラーメンを食べてしまう……。こんなことはよくあるが、こういう人はお金に関しても同じ傾向が現れることが多い。

　たとえば、結婚資金を貯めなければいけないのに、前から欲しかった腕時計や新しいカメラが出れば買いたくなる。頭では十分わかっているのに、いざとなると浪費が止まらないというパターンだ。

　これは、心理学でいうところの「双曲割引」が影響している。

　簡単にいえば、遠い将来はなんとか待てるものの、近い将来は待てないということで、よく〝せっかち指数〟にも置き換えられるが、どちらかというと〝我慢指数〟のほうがピンとくるだろう。

ダイエット中にラーメンを食べてしまう人も、貯金できずに浪費してしまう人も、どちらもこの双曲割引が強いということなのだ。

少しでもこれに当てはまると思う人は早急に対策をとるべきだ。もはや自分の意志での貯金は難しいので、たとえば給料から定額を自動的に別の口座へ移るように設定するとか、欲しいものを見つけたらすぐ買わずに必ず「翌日に持ち越す」と決める。ネットショッピングには手を出さないなど、自分できっちりルールを決めるのだ。

浪費グセのある人は、まず双曲割引傾向が強い自分を自覚することこそが貯蓄術の第一歩なのだ。

“もったいない”が新たなムダを生んでしまうのはどうして？

モノを大切に使うことや、ムダにしないで使い切ることの根底に流れている「もったいない」という精神は、日本文化の素晴らしいところだ。

しかし、もったいないからという理由で捨てられないものがだんだん増えていき、収納に場所をとられたり、必要なものが見つからなくて同じものを買ってしまったりという経験を味わったことはないだろうか。

こうした行動の裏側に隠れているのが「サンクコスト効果」である。

サンクコストとは、すでに支払ってしまって戻ってこない費用のことを指し、日本語では埋没費用と訳される。もったいないと思うことで、非合理的な決定をしてしまうことをサンクコスト効果というのだ。

たとえば、数千万円の開発費を投じてつくった新商品がまったく売れなかった場合でも、すぐにその商品の製造と販売をやめることができたなら、損失はそこから先は拡大しないだろう。

しかし、今までかけてきた費用がもったいないからといって「少しでも元を取りたい」「もしかしたら好転するかも」という欲が出てしまうと、結果的にいつまでも在庫を抱えることになり、高い倉庫代を払い続けて結果的に赤字を増やしてしまうのだ。

この〝効果〟は費用に限ったことではなく、労力や時間についても同じである。

経済学や経営学では、現在の問題を処理する際には、将来の費用とそれに見合う利益や利便さがあるかどうかだけを考慮して、サンクコストのことは考えないことが合理的であるという考え方が有力になっている。

「もったいない」だけでものごとを考えると、別のところでもっともったいないものを生み出してしまう可能性があることを覚えておこう。

「金持ち喧嘩せず」のことわざは本当か

貧しくても人間的に尊敬できる人はいくらでもいる。心を広く持ち、何事にも穏やかで、事を荒立てずに過ごせる。

また、その逆もしかりで、お金持ちなのにいつも心に余裕がなく、ちょっとしたことで揉め事を起こす人もいる。

お金のあるなしはその人の性格に影響を及ぼすのだろうか。この答えを導き出すのはなかなか難しい。

ただ、往々にしてお金持ちと呼ばれる人々は、精神的にゆとりがある人が多いようだ。

「金持ち喧嘩せず」ということわざがあるが、まさにその通りで、彼らはお金持ちだからといってカネにものを言わせて強引に問題を解決することはない。むしろ、できるだけ事を荒立てないよう、ときには引いてみたりもする。

ただし、それは必ずしも人格的にすばらしいからというわけではない。そこには、お金持ちだからこその考えがあるのだ。

つまり、何かの原因で対立した場合、損することはあっても儲かることはない。お金持ちは利益を得ることに長けているので、他人と争うだけ無駄だと感じるし、非生産的なことはけっしてしないのだ。

仮に今はお金持ちでなくても、この精神は見習ったほうがいいだろう。それには日々の生活を充実させることが大事だ。

仕事や人間関係の悩み、健康不安などがあると、とたんに人間は余裕がなくなる。

しかし、贅沢できるほど豊かでなくても日々の生活に潤いがあれば、喧嘩するほどの問題に直面しても上手に気持ちを切り替えられて、つまらない時間を費やすことにはならないはずだ。

買うべきかやめるべきかの線引きはどこか

「少し高かったけど、自分へのご褒美に買いました」という話をよく聞く。

ふだん無駄使いをしないでがんばっている自分への贈り物をエネルギーにして、明日からのやる気を高めようという気持ちもわかる。

しかし、これは「お金持ちになれない人」の〝口実〟である。

自分へのご褒美として買うものは、たいていの場合「絶対に必要なものではない、けれども欲しいもの」である。ふだんはできない買い物をすることこそがご褒美だという発想だからだ。

しかし、ストレス解消をするためのショッピングにすぎないともいえる。そんな気持ちで買い物をしても、たいてい気がつくものだ。

確かに物欲は満たされたけど、本当は必要ではなかったかもしれない。これは、なければなくても済むものだったなと後悔するのだ。

そうなってしまえば、そのご褒美のために使ったお金は「死んだ金」「無駄な金」になってしまう。こんなことを繰り返していては、お金など貯まるはずがない。

それに対して、お金持ちは、本当に意味のあるお金の使い方を知っている。自分へのご褒美として衝動買いをしても、いつか後悔すると知っている。だから絶対にそういうことはしないわけだ。

その代わり、気に入ったものを見つけて欲しいと思っても、「今の私には、これは必要ない。だから買わないでおこう」と考える。少し迷っても「今すぐにでも買えるが、１週間だけ待ってみよう。１週間後にも欲しいと思ったら、そのときに買おう」と冷静に考える。

もちろんそうやって買ったものだから大切に使うし、結局長持ちして失敗がない。自分にとって本当に必要なものだけにお金を使うことになるのだ。こうした積み重ねが、生きたお金の使い方をするということだ。

「本当に必要なもの」と「ただ欲しいもの」とはそれこそ雲泥の差がある。そこを見極めて無駄遣いをしないことこそが、お金持ちになる第一歩である。

気づけば財布がカラになる人は、お金の〝下ろし方〟で失敗している

財布を開けてみたら中身が空っぽ！　今日どうしても1万円が必要なので、銀行に行ったとする。

さて、どのようにお金を下ろすか。じつはこのお金の下ろし方で、お金で失敗しないかどうかが、ある程度わかるのだ。

①ぴったり1万円を下ろす
②どうせすぐに使うので、ついでに3万円下ろしておく
①を選んだ人は堅実で計画性のある人だ。正直、ちょっと融通がきかないところはあるが、少なくともお金で失敗はしない。
さて、ここで②を選んだ人は危険信号だ。まず、お金が貯まらないタイプの典型である。

たとえば、クレジットカードなどを申し込むと、希望の額より多めに勧めてくることが多い。本当は5万円だけ必要なのに「このほうがお得だから」と10万円を融資してくる。

そこで「どうせ使うからいいか」と借りてしまう人は、一生かかってもお金持ちにはなれない。気づけば借金を返すために借金するような、いわゆるサラ金地獄に陥る危険性大だ。

財布のお金というものは、いつの間にか消えてしまう。5万円くらいなら何に使ったか明確でなくても、すぐになくなるものだ。

念のため多めに……、この下ろし方は危険なのである。

「貯めるだけがお金じゃない」の哲学とは？

お金持ちはなぜ派手にお金を使うように見えるのか。

毎日の支出を細かく家計簿につけている男性と、金払いがよく、欲しいものを見つけると派手に金を使う男性。どちらのほうがお金持ちになる素質を持ち合わせているだろうか。

人間的にしっかりしているのはどういうタイプかという視点で見れば、ふつうは自己管理がきっちりできる前者だと考える。だが、ことお金に関しては財布の締まり具合と将来性が必ずしも比例しないから面白い。

お金を管理しようとすると、どうしても1円単位のお金にこだわりがちだ。もちろん、それ自体は悪いことではない。ただし、細かいお金にこだわると使い方も必要以上に慎重になってしまう。

AとBのふたつの品物があって、Aでも間に合うが、Bのほうが格段に使い勝手がいい。ただし、値段もBのほうが高い。こんなときにBを選べないのが、このタイプだろう。

結局、Aでは物足りなくなって後でBを買い足すことになったりする。「安物買いの銭失い」の典型だ。最初から選んでおけばその値段だけで長い期間使えるのに、価格差が気になったばかりに賢い判断ができないのだ。

その一方、派手にお金を使う人は金遣いは一見荒っぽく見えても、こういうときには迷わずBを選べる人が多い。

もちろん単に考えなしの直感型もなかにはいるが、それでも大胆にお金を使える人は、その1日のお金の動きなどは気にしていない。もっと長い目で見て、トータルの支出を考えているのだ。だから、すんなりBを選べるのである。

こういう人は、人づきあいや旅行といった形に残らないものにも迷うことなくお金を使う。形に残るものばかりが財産ではないことや、そこに費やしたお金が最終的には自分自身を高めてくれることを知っているからだ。

生まれ持った性格はもちろん無関係ではないが、出し惜しんで貯めるだけがお金ではない。ときには大胆に使うことで、人やモノの価値観を学んでみてはどうだろうか。

人生を本当に豊かにさせる「買い物」の極意

たとえば、たった1枚の絵皿を数千万円で買う人を見て、あなたはどう思うだろうか。1枚の皿にマンション1戸が買えるほどの大金を払うのはあまりにも非常識すぎる、本人はもちろんその家族にとっても不幸だ、と思う人が大半だろう。

しかし、もしもその皿が大変に価値のある骨董品であり、その人にとっては数千万あるいはそれ以上の命にも代えがたいほどの価値があるものだったとしたら、その買い物を止める権利は誰にもない。自分の持ち家を売り払ってその皿を買ったとしても、誰も文句は言えないだろう。

お金はただ貯めるだけでは本当の価値は生まれてこない。それでは単にお金を集めるのが趣味ということになってしまう。

お金とは、使ってみて初めて価値の出るものだ。その使い道は、その人の人生を豊かにするものでなければならない。

ただ、人生を豊かにするものとは何なのか。市場価値が高いものを買えば人は豊かになるかというと、そうではない。いくら正札にゼロが並んでいても、ある人にとってはまったく価値がないものだってたくさんある。

大切なのは、自分にとって本当に価値のあるもの、自分の人生を本当に豊かにするものに自分のお金を出せるかどうかである。

高価なものは万人にとって価値があると思い込むのは誤りである。自分にとって価値があるものにこそ、お金を惜しまずにつぎ込む。その心構えと自信を身につけることができる人こそ、「お金持ち」の素質があるといっていいだろう。

Step2
お金をめぐる
最新キーワード

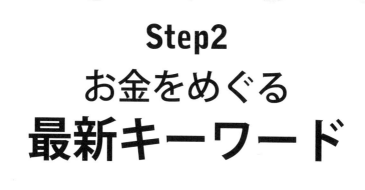

話題の「スマホ決済アプリ」の損得勘定とは？①

現金を使わないで支払いができるキャッシュレス決済はもはや特別なものではない。庶民の生活の中に根づきはじめているといってもいいだろう。

２０１９年10月に施行された消費税率のアップの際には、ポイント還元政策によって各種のキャッシュレス決済がさらに注目を浴びた。

従来、クレジットカードやデビットカード、プリペイドカード、電子マネーなどはかなり市民権を得ていたが、ここにきて急速に存在感を増しているのがスマホアプリを利用したキャッシュレス決済、いわゆるPayサービスだ。

各社、少しずつ特徴は異なるが、店舗に置かれたＱＲコードを読み込み、クレジットカードや銀行口座と紐付けすることで決済するというものが多い。

Payサービスが最初に大きな話題を集めたのは、ソフトバンクとヤフーが共同で出資している「PayPay」が2018年12月〜2019年1月に行った100億円キャンペーンだ。

これは、「PayPay」で支払いをすると金額の20パーセントが還元され、さらに40回に1回の割合で全額がポイント還元されるというものだ。

還元総額が100億円に達するまで続けるとうたったこのキャンペーンは「100億円あげちゃう」というインパクトのある名称も相まって、急速に「PayPay」の認知度を上げ、加入者数を増やすこととなった。2019年2月から5月にかけては、第2弾の100億円キャンペーンも行われている。

当然、各Payサービスも同じようなキャンペーンを展開し、それ以降、市場が急速に拡大しつつある。

「PayPay」のほかにも、「LINE Pay」、「メルペイ」、「楽天Pay」、「Origami Pay」、「d払い」などがあるが、種類もどんどん増えるうえに、各サービスの利用可能な店舗も増加中だ。

Payサービスは現金を持たずに買い物ができるうえ、チャージや送金も手軽にできるというメリットがあり、今後もさらに利用者を増やしていく見込みだ。各社でキャンペーンも次々に行われるので、お得に利用したい場合はこまめにチェックしておくことをおすすめする。

ただし、基本的なことではあるが、クレジットカードや銀行口座を利用するサービスである以上、アプリの利用を始めたら必ずスマホのロックをかけることを忘れてはいけない。

話題の「スマホ決済アプリ」の損得勘定とは？②

スマートフォンなどを使って無料通話や無料メールができるコミュニケーションアプリの「ＬＩＮＥ（ライン）」は、かわいらしいスタンプで簡単に喜怒哀楽を表現できる機能などが人気を呼んでまたたく間に世界中に普及した。

この「ＬＩＮＥ」を運営する会社が２０１４年から開始したモバイル送金・決済

サービスが「LINE Pay（ラインペイ）」だ。

まずは、規約に同意してLINE Payに登録し、コンビニエンスストアや自分の銀行口座から事前にLINE Payにお金をチャージする。

チャージしたお金はLINE Pay加盟店での支払いに利用することができ、オンライン決済はもちろん、リアル店舗でも加盟している店での支払いに使うことができるのだ。

そのほか、ＬＩＮＥユーザー間で手軽に送金や送金依頼、割り勘ができるのが特徴だ。

たとえば、相手の銀行口座を知らなくても、送金したい友達を選んで送金額を入力し、メッセージを書き込めば相手のLINE Payにお金が送れるのである。

飲み会の代金などを割り勘にしたい時は、合計金額と参加メンバーを入力すれば参加メンバーそれぞれに均等に割られた金額を請求することもできる。

ただし、相手がLINE Payに加入していない場合は、加入した後に送金や割り勘が完了する仕組みになっている。

ちなみに、LINE Payには「LINE Cash」と「LINE Money」の2種類のお金がある。

LINE Cashは本人の確認をしなくても使えるお金で、LINE加盟店などの決済で使うことができる。

一方、LINE MoneyはLINEユーザー同士で送金や割り勘をしたい時や、LINEの残高を現金として引き出したい時に使うお金で、本人確認が必要になる。

注意したいのは、オンラインでお金を使う時には手数料はかからないが、LINE Moneyを引き出す時には手数料が216円かかることだ。

これらのいくつかの注意点を理解すれば、こうしたID決済サービスは支払いのたびにクレジットカードの情報を登録する手間が省けて便利なため、ますます拡大する傾向にある。

ユーザーにとっては手軽に買い物を楽しめ、企業にとってはサイトやアプリの利用者からの購入が増えるという、双方にとってメリットがあるサービスというわけだ。

メルカリで得する取引きができる人の共通点

ネットが私物の売り買いに利用される時代だが、今や５０００万人以上の利用者がいるメルカリは、ネット上の同様の他のシステムと比べて圧倒的に使い勝手がいいとされ、人気も高い。

利用者が多いということは「売りたい人」と「買いたい人」がお互いを見つけやすいという意味で最大の強みである。

また代金の支払いをメルカリが仲介するので、利用者同士の金銭のやりとりがなく、そのために金銭的なトラブルが起きにくくなっているのも安心材料だ。

さらには、落札までの期日の設定がないので、出品すれば即日で購入が決定することが多い。また、出品者は匿名で配送することができるのでプライバシーも守られる。

いろいろな意味で利用者の利便性が考慮されているのが、メルカリがここまで成長している大きな要因である。

その一方で、デメリットもある。

まず、ほかの同様のシステムと比べてユーザーの年齢層が低い。10代から20代がメインなので、価格が上がりにくく、大きな利益になりにくいといわれる。

また販売手数料として決定価格の10％が差し引かれる。これは、ほかのシステムよりやや高めである。さらに送料もかかるので、最終的な利益が自分が思っていたよりもかなり少ないということも多い。

またユーザー数があまりにも多く、しかも短時間で決まることが多いので、「自分が本当に欲しかったのはこれだったのに、見逃してしまった」「類似品で我慢してしまった」という声も少なくない。選択肢が多いということには、そんなリスクもあるのだ。

売る側も買う側も、これらのリスクを十分に認識したうえで経済的・時間的なメリットをよく考えてから利用したい。

近頃よくきく「カーシェアリング」の法則とは？

近年、都会を中心に自分の車を所有しないで、カーシェアリングを利用する人が増えている。会員登録した人が1台の車を共有し、必要な時間だけ借りるというシステムだ。

15分ほどの単位で低料金で車が使えるので、ちょっとした用事や荷物の運搬、買い物などには便利である。なかには、運転しないで楽器やカラオケの練習スペースとして使ったりする人もいる。

ガソリン代や保険料、車検代やメンテナンス料など、車を所有したときの月々の維持費を考えれば、かなり経済的だし、使い方も広がる。

車を自分の都合に合わせて効率的に使おうと考えれば、確かに幅広い意味でメリットの多いシステムではある。

ただし、複数の利用者での共有ということでデメリットもある。

多くの場合、乗り捨てや延長ができないし、もちろん他の会員が使用していれば使えない。短時間の利用だと割安だが、長時間になると逆に割高になる。

また、一度も利用しない月でも決まった金額を支払う必要がある。

さらに車種が限定され、多くの場合、大型車の扱いはない。車内清掃などは利用者が行うことが多いので、前の利用者が清掃をしていない汚れた車に当たることもある。いろいろな意味で利用者の善意によって使い勝手が左右されるのは避けられないだろう。

また、実際の利用者の声を聞くと「必ずもとの場所まで戻ってこなければならないことが意外と不便だ」という意見が多い。利用時間が限定されているので、次の予約が入っている場合などは延長することができず、急がなければならないこともあるのだ。

これらのメリットとデメリットをよく知ったうえで、経費と釣り合うかどうかを熟考してから利用すべきである。

新技術「ブロックチェーン」の本当の衝撃とは？

仮想通貨が通貨として成立するためには、正しい取引が行われていることが絶対的な条件になる。当然のことではあるが、そうでなければ通貨として信用されないからだ。

そこで、発行者や特定の管理者がいないビットコインのシステムの構築を可能にしたのが「ブロックチェーン」という新技術だった。

ブロックは一定期間の取引の塊のことで、チェーンはその塊をつなげるもので、イメージとしては、1ページ分の取引記録がどんどんチェーンでつながれていく台帳のようなものだ。

現実のマネーを管理している銀行では、膨大な取引記録台帳が巨大なメインコンピューターで一元管理されていて、取引が適正かどうかを監視している。

だが、仮想通貨は銀行や国に管理されておらず、管理しているのはビットコインを利用しているユーザーだ。台帳はネットの中で全世界に向けて公開されているのである。

世界中のユーザーのパソコンに台帳データが分散して存在しているので、誰でもすべての取引記録をチェックすることができる。

もちろん個人名はわからないが、誰のウォレット（口座）にいくら入っているかは誰もが知ることができるのだ。

そのため、データの改ざんなどの不正記録があれば、それを監視しているマイナーに見つけ出されてしまい、その取引は無効となってしまう。

過去にも仮想通貨のＮＥＭのような不正流出事件が起きているが、流出した仮想通貨がブロックチェーンに残した痕跡をホワイトハッカーが追い、〝犯人〟の逮捕につながった例もある。

このように改ざんが極めて困難な分散型台帳システムが、仮想通貨を通貨として成り立たせているのである。

また、もしどこか1カ所のパソコンが壊れたとしても、世界中にバックアップがあるのと同じなのでブロックチェーンのデータが消えてなくなることはない。すでに世界中に散らばった仮想通貨のシステムを完全に壊すことは不可能だといわれているのだ。

そして、この透明性の高さや信頼性はさまざまな業界で認められ、今や仮想通貨だけでなく、不動産取引やポイントサービスの交換システム、文書管理などにも応用され始めている。

ブロックチェーンはインターネットと同じか、それ以上に世界を変える革新的な技術なのである。

とにかく「フィンテック」を簡単に説明すると？

フィンテックとは、「ファイナンス（金融）」と「テクノロジー（技術）」を合わせた造語だ。

日本では２０１４年頃から使われ出した言葉だが、そのきっかけとなったのがアップルペイという電子ウォレット機能だ。

iPhoneを使ったモバイル決済が日本でもできるようになると話題になり、一般でも認知されるようになった。

前述の通り、スマホによる決済サービスとは、スマートフォンにクレジットカード情報を登録して、アプリをダウンロードしておけば財布代わりになり、手元に現金がなくても買い物の支払いができるというものだ。

その後、アンドロイドペイ（現グーグルペイ）や、使ったお金の利用履歴で自動的に家計簿もつくれる「クラウド家計簿」なども登場し、フィンテックという言葉に馴染みがなくてもすでにこの技術を使っている人は多いのだ。

お隣の中国ではスマホを使った決済がもはや当たり前で、中国の巨大ＩＴ企業であるアリババの「アリペイ」には10億人が登録しているという。

スマホさえ持っていれば現金は必要ないので、財布を落としたことに何日も気づかなかった人さえいるとか。

また、モバイル決済は北欧でも多くの人が利用していて〝現金お断り〟という店さえある。教会への寄付でさえもスマホを「ピッ」とかざすだけで済んでしまうのだ。

日本でもスマホ決済は急速に進んでいる。年々増えている外国人観光客からの要望が増えているし、アリペイはPay Payとの提携によって、日本国内での利便性が格段に良くなった。

そして、何より政府がキャッシュレス決済の比率を引き上げることを目標にしている。

２０１８年に25・５％だった比率は、２０２５年には40パーセントを超えると予想されているのだ。

「お金」の概念は、あと数年も経てばいまとは違うものに変わってしまうのだろうか。

家を担保にお金を借りる「リバースモーゲージ」の目的は？

リバースモーゲージとは、自宅（持ち家）を担保にして、そこに住み続けながら銀行からの融資を受ける融資制度のことで、おもなターゲットはシニア層である。もしも死亡した場合は自宅を売却して、その代金を融資の一括返済に充てることになる。

近年、高齢化社会が深刻化しているが、老後の住まいをいかにして有効活用するかを考える人が増えるなかで、その注目度が高まっている。

そのシステムをわかりやすく説明すると、ふつうの住宅ローンは、最初に大きな額を借りて、それを毎月少しずつ返済していくのに対し、リバースモーゲージは毎月少しずつ借りていって最後にまとめて返済するということになる。

自分の持ち家を売却しなくても融資が受けられるうえに、融資額を一括で受け取るか、あるいは毎月受け取るか、その選択ができるのが大きなメリットだ。

また、資金の使途についても自由型と限定型を選ぶことができ、自由型であれば、生活資金以外にも使うことができる。利用するにあたっての収入要件もふつうの住宅ローンよりは緩やかだ。

その一方で、いくつかの限定条件もある。

まず対象となる住宅は一戸建て限定であったり、地域限定の場合が多い。また、推定相続人全員の同意を得る必要もある。

もちろん、不動産の価格下落や金利上昇などのリスクは常にある。途中で融資極度額の見直しが行われることもあるのだ。

そして何より、思ったよりも長生きをして、その分、融資額が増えて返済額がふくらむことも想定しなければならない。寿命という予測できない要素が絡むのが難しいところだ。

自分の現在の状況と将来のことを見越したうえで利用すべきシステムだろう。

おさえておきたいインターネットバンキングの3つのポイント

インターネットを利用してさまざまなサービスが受けられる現在、銀行もオンラインで取引が可能になっている。

インターネットバンキングと呼ばれるシステムでは、銀行の窓口やＡＴＭに行かなくても、振込や残高照会などができる。もちろん銀行の営業時間を気にすることなく、24時間利用できるのも便利な点だ。

インターネットバンキングには３つの事業形態がある。ひとつ目は、インターネットバンキング専業で、実店舗を持たないものだ。楽天銀行やソニー銀行、住信ＳＢＩネット銀行、ジャパンネット銀行などがこの形態に当たる。

ふたつ目は、実店舗を持つ銀行のインターネット専用支店だ。現金の入出金には実際のＡＴＭを使うのが特徴だ。

三つ目は、都市銀行や地方銀行、ゆうちょ銀行がサービスのひとつとして提供しているインターネット取引だ。各銀行で手続きすることで、従来の窓口やATMに加えて、インターネットを利用した取引もできるようになる。

インターネットバンキングの利点として見逃せないのが、各種手数料が安いことと利息の高さだ。実店舗を持たないことで手数料が安く設定されていたり、定期預金や普通預金の利率が、実店舗に開設された口座のものよりも高めに設定されているのだ。

利便性とお得感があれば、積極的に利用したいものだが、一点だけ気をつけておくべきなのはセキュリティ対策である。

たとえば警察庁によると、インターネットバンキングの口座から預金が不正に送金される被害は2019年9月の1か月だけでも436件、額にして4億2600万円と、統計を取り始めてから最も多くなっている。

その多くは携帯電話にショートメールが届く「フィッシング詐欺」の類で、警察庁は不審なメールが来ても入力などをしないように呼びかけている。

そのほか、不正なサイトや電子メールによってウイルスを送り込み、ＩＤやパスワードなどを盗み取って第三者の口座に送金させるものや、電子メールによって偽のログイン画面に誘導し、パスワードなどを盗み取る手口もある。

対策としてはＯＳやセキュリティ対策ソフトを常に最新の状態にしておくこと、パスワードやＩＤは慎重に管理すること、不審なメールは開かないことだ。

便利さとリスクは時に背中合わせで存在する。慎重さを忘れなければ、ぜひ利用したいサービスであることは間違いないだろう。

もうひとつの年金「iDeCo」をめぐる気になる話

２０１９年７月に発表された日本人の平均寿命は、女性87・32歳、男性81・25歳だ。男女ともに過去最高を記録しており、厚生労働省は健康意識の高まりによってさらに伸びる可能性があると分析している。

そうなるとますます重要になるのが、老後の生活資金だ。公的年金は受給開始年齢が60歳から65歳に引き上げられたものの、老後の生活を支える重要な柱になることは間違いないだろう。

とはいっても、月々の年金だけで生活を賄おうとするのはかなり厳しいのが現状だ。持ち家のローンを完済していれば最低限の生活は送れるかもしれないが、人生の最終ステージを楽しむためには資金計画を周到に練っておく必要がある。

資産運用にもさまざまなものがあるが、昨今注目を浴びているのが個人型確定拠出年金、通称「iDeCo」である。確定拠出年金法に基づいてスタートした厚生労働省が推進する「もうひとつの年金」で、20歳以上60歳未満の人なら誰でも加入することができる。

年齢や職業によって掛け金の限度額が定められているが、国民年金第3号被保険者と呼ばれる専業主婦（夫）でも加入することができるのもポイントだ。

また、iDeCoは国が提供する資産運用制度であるため、掛金は全額所得控除、運用益は非課税、受給時にも所得控除が受けられるという大きなメリットがある。

iDeCoの仕組みを大雑把に言えば、運用管理機関である金融機関を通じて、限度額の範囲で自分が決めた金額に従って株式などの投資運用を行うというものだ。つまり、運用を始めたいとなったらまずiDeCoを取り扱っている金融会社についてチェックする。金融機関によって運用商品が違ったり、各種手数料が違ってくるので、慎重に比較する必要がある。

金融機関を決めたら、投資先を選択する。もし初めての資産運用で不安な場合は、各社が提供するバランス型ファンドであれば、リスクが少ないうえに再調整もお任せできて安心だろう。

気をつけたいのは、資産を引き出せる年齢だ。もっとも早いタイミングである60歳で資産を引き出したければ、10年以上の通算加入期間が必要になる。さらに、加入期間が長いほど節税効果は上がるため、できるだけ早くスタートさせるのがおすすめだ。

資産運用は初めてという人にとっても、国が推進する制度を利用するという点でハードルは低いだろう。

投資信託をめぐる〝正しい〟考え方とは？

株式や証券、外貨など、資産運用には様々な投資先がある。もともと投資が趣味で、運用もお手のものという人もいる一方で、いったい何をどうすればいいのかわからないという人も多いだろう。そんな人におすすめなのが投資信託だ。

投資信託とは、投資する人が出した資金をファンドマネージャーと呼ばれるプロが投資先を選んで運用するシステムで、投資が初めての人や、自分で投資先を選ぶのが面倒だという人にはもってこいなのである。

投資先をプロに任せられるということ以外にも、投資信託のメリットは多い。

多くの金融機関では、１０００円程度から始められ、なかには１００円で買えるものもある。投資額が少なければ当然利益も少ないのだが、一方でそれほど損失を恐れずに始められるのだ。

投資は銀行に預金するのとは違って、元本割れというリスクはなくすことができないのだが、投資信託では複数の商品に分散投資することで極端な値下がりを防いで大きく損をすることを回避するように設計されている。

ただし、プロに頼むという性質上、手数料がかかってくるというデメリットもある。

もともとリスクを抑えた商品が多いために利益も抑えめという点を考えれば、手数料もバカにならない。とはいっても、楽で安全なぶん、もうけが少なくなるというのはしかたのないことではある。

メリットとデメリットをあわせて考えると、投資信託はやはり初心者もしくはお金を払ってでもプロに任せたいという人向けの商品であることは間違いないだろう。この投資信託を入り口にして、資産運用を少しずつ学びたいという人にもおすすめだ。

終身雇用は過去のものとなり、景気動向も絶好調とは言えない現代においては、自分の生活基盤を守るためにも資産運用について真剣に考える必要がある。「なんだか難しそう」「リスクが怖い」と言って尻込みしているうちに、老後の資金計画がパーになるなどという恐ろしい話も現実になりかねないのである。

もし、資産運用をＡＩに任せたとしたら…

資産運用において、ＡＩ（人工知能）を利用して情報の収集や分析を行い、さらに運用方法のアドバイスを受けたり、場合によっては、実際の運用までＡＩに任せるというＡＩ投資のサービスが広がりを見せている。

金融機関によるこのようなＡＩ投資の利用法には大きく分けて2種類ある。

まず、あらかじめ自分で情報を持ち、判断する材料がある程度ある人が、資産運用に関するそれ以上の情報を得るために活用するという利用法だ。買いつけやリバランスはあくまでも自分で判断して行い、さらにＡＩからのプラスアルファの情報やアドバイスを受ける。

もちろん、そのときに「この情報やアドバイスは不要だ」と判断すれば、いっさい無視することもできる。あくまでも最終的な判断は投資者が行うわけだ。

もうひとつは、ＡＩに資産を預けて、金融商品の買いつけやリバランスまでを一任するという利用法だ。

この場合、ＡＩがポートフォリオの形成から行うので、投資家は自分で資産を育てていく必要がない。言い換えれば、資産運用をＡＩに一任するのである。

どちらの場合でも、投資家は深い専門知識がなくても投資ができるというメリットがある。膨大なデータを収集する手間も省けて、利用料もそれほど高額ではないので使い勝手がいい。

しかし、その反面、元本保証などはないので、元本割れするというリスクは常にある。いうまでもなく責任の所在はあくまでも投資家であることも忘れてはならない。

ＡＩの提案に成功率が示されることもあるが、当然のことながらＡＩの判断が常に正しいとは限らない。

「アセット・アロケーション」で資産配分のツボがわかる！

定期預金に預けてもほとんど利息がつかない超低金利が続いている。

この先の長い人生のことを考えると、なるべく早い時期から老後資金を準備したほうがよさそうだが、かといってＦＸや仮想通貨に手を出すような知識も経験もない。いったい何に投資すればリスクを少なくして増やすことができるのか悩んでいる人も多いだろう。

そこで、知っておきたいのがアセット・アロケーションという考え方だ。

これは投資の基本的な考え方で、資金を複数の資産（アセット）に分配（アロケーション）して投資することをいう。投資先としては、大きく分けて、

①国内株式

②海外株式

③国内債券
④海外債券
⑤預貯金
がある。

この5つの中で、元本割れのリスクを伴うのが①国内株式と②海外株式、そして④海外債券で、リスクがないのが③国内債券と⑤預貯金だ。

リスクの高い資産はそのぶん、リターンも期待できるが、リスクがない資産は投資というにはあまりにもリターンが少ない。

つまり、これら5つのどれかひとつに投資先を絞ってしまうと、たとえば持ち株が大暴落した時に大損をしたり、逆に、ただおカネを眠らせているだけという状態になってしまうのだ。

そこで、リスクのある資産①、②、④と、リスクの少ない資産③、⑤に資金を分けて配分することで資産全体のリスクを抑え、なおかつ効率的なリターンを目指すことができるというわけだ。

「インシュアテック」が保険の常識を覆す⁉

フィンテックは「ファイナンス（金融）」と「テクノロジー（技術）」の造語だが、では「インシュアテック」はどんな意味なのだろうか。

正解は、「インシュアランス（保険）」と「テクノロジー」を組み合わせた言葉だ。保険業界でもＩＴやＡＩの技術を導入して、新しい付加価値をつけた保険商品が誕生しているのである。

その一例が、医療保険に健康増進特約をプラスできるという商品だ。

これは、医療費のかかる病気や介護に備えて保証を手厚くするといった、今までの特約とは真逆の発想で、自身の健康のために行動を起こせばキャッシュバックされるという仕組みになっている。

たとえば、１日平均８０００歩を歩くことを2年間継続すれば還付金が受け取れるといったシステムだ。

この目標を管理するのがインターネットとつながったウェアラブル端末で、契約するると端末がレンタルされる。これで日々の歩数を管理することができるというわけだ。

また、契約者でなくても健康を自己管理できるスマホアプリを開発した保険会社もある。

これは、年に一度の健康診断結果をスマホで読み取り、それをもとに健康のためのアドバイスを行うというシステムだ。

ちなみに現在の生活習慣を続けていると、将来どのような「顔」に変化するのかをシミュレーションする機能などもついている。

ＩＴやビッグデータを活用して、「人生１００年時代」の健康的な生活を支えるというのがコンセプトだ。

ただ、このようなサービスが広まることによって病気のリスクを管理しやすくなると、これまでのようなリスクに備えるタイプの医療保険に対する加入者の意識も変わってくるはずだ。

超高齢化社会の日本で、インシュアテックは保険の概念をガラリと変えてしまう可能性もあるのだ。

老後破産時代に新登場！「トンチン保険」のポイント

この世に生まれてきた以上、誰もがいつかは必ず迎えるのが「死」だが、どんなに人工知能のディープラーニングが優れていても割り出せないのが人間一人ひとりの寿命だ。

日本人の平均寿命は男女とも世界トップクラスで、50歳を迎えた人のうち男性は５人に１人、女性は２人に１人が90歳まで長生きするという。

また、２０１９年秋のデータでは、１００歳以上の高齢者は約７万１２７４人と過去最多を更新している。まさに「人生１００年時代」といわれるにふさわしいのだが、そうなってくると不安になるのが老後資金だ。

たしかに長生きすることはめでたいのだが、その反面、老後破産のリスクも高まる。そこで、話題になっているのが「トンチン保険」である。

トンチン保険とは、長生きするほど多くの保険金が受け取れる保険商品で、17世紀のイタリアの銀行家ロレンツィオ・トンティンが考案した保険制度が原型になっている。

そのトンティンが考えた仕組みはこうだ。

保険の加入者は加入時に一括払いで保険料を支払う。一度支払うと中途解約はできない。一方の保険会社は集まった払込み保険料を元手に運用して、その利益に相当する額を加入者全員が死ぬまで払い続ける。

そして、満期になった時に生存していた人に元本と運用益を分配するというシステムになっている。

日本では2016年からこの保険制度を応用した商品が登場してきた。ただ、日本版のトンチン保険は保険料の払い込みは一括ではなく、50～70歳までの20年間に分割して支払い、受け取りは70歳からスタートする。一応、中途解約もできることになっているが、元金に影響が出ないよう解約金の額はかなり少なく抑えてある。そして、払い込んだ保険料を払い戻し、保険料が上回る損益分岐点が90歳前後。つまり、90歳以上まで生きれば得をするという商品なのだ。

若いうちは、「さすがに90歳までは生きていないだろう……」と考えがちだが、正直言って未来のことはわからない。

公的年金の支給年齢もどんどん引き上げられるなか、いつまで働いて、何歳から年金暮らしに入るのか。先が読めないからこそトンチン保険に賭けてみる価値はあるかもしれない。

これだけはおさえたい「NISA」のキホンとは？

２０１４年に登場した「ＮＩＳＡ」は、２０１９年６月末時点での開設口座数が一般ＮＩＳＡで１１６２万、つみたてＮＩＳＡが１４７万口座と、日本人の1割程度がＮＩＳＡ口座を開設していることになる。

さらに、２０１６年1月から「ジュニアＮＩＳＡ」、２０１８年1月からは「つみたてＮＩＳＡ」も始まっている。

そこで、あらためておさらいをしておくと、ＮＩＳＡは少額の投資で得た利益が非課税になるという税制優遇制度だ。

株や投資信託のために証券口座を開設した場合、投資で得た配当金や譲渡金には20％以上の税金がかかるのだが、この口座をＮＩＳＡ口座にしておけば非課税枠までの運用益は課税の対象にならないのだ。

現在、ＮＩＳＡには3つの種類があって、それぞれ非課税枠の上限や投資対象、利用できる年齢などが異なっている。

まず、一般のＮＩＳＡは毎年１２０万円を超えない範囲で株や投資信託などさまざまなものに投資できるが、つみたてＮＩＳＡで投資できるのは投資信託だけで、年間の累計購入額が40万円までだ。

どちらも20歳以上の人が利用でき、ここから得た利益にかかる税金が一般のＮＩＳＡは購入から5年間、つみたてＮＩＳＡは最長20年間非課税になる。

つみたてＮＩＳＡの非課税枠が40万円と低いのは、その名前のとおり投資信託を毎月コツコツと積み立てていく制度だからだ。

投資に回せるまとまったお金があり、自分で投資対象を選んで売買もやりたいという人ならＮＩＳＡ、運用はプロに任せて長期的にお金を増やしたいという人にはつみたてＮＩＳＡが合っている。

口座はどちらかひとつしか開設できないので、ＮＩＳＡを始める時にはよく考えてから選びたい。

また、ジュニアＮＩＳＡは口座の名義人が0～19歳までで、資金の運用や管理などは親権者などの代理人が行う。

投資できる対象はＮＩＳＡと同じで、非課税枠は年間80万円、原則18歳になるまでは資金は引き出せないことになっている。

資金は親や祖父母のお金ということになるが、年間80万円なら贈与税の対象になることもないので、ジュニアＮＩＳＡを受け皿にすることによって贈与税の対策にもなる（ジュニアＮＩＳＡの口座開設期間は２０２３年まで）。

いずれにしても、一般の証券口座にはない非課税枠があるのがポイントなので、多少のリスクは承知のうえで資金を運用しようと思ったら、まずはＮＩＳＡから始めると安心だ。

「ロボティクス業界」に熱い視線が注がれる理由

株で利益を得ようと思ったら、ギャンブル的に売ったり買ったりを繰り返すのではなく、成長分野を見つけてじっくりと投資するスタンスがいいというのが一般的な見方だ。

そういう意味では、初心者にとって今が投資の始め時なのかもしれない。というのは、ＡＩにビッグデータを与えることによって、既存の業界でも今までとまったく違ったビジネスチャンスが生み出されているからだ。

そこで、期待できる投資先のキーワードといわれているのが「ロボティクス」だ。ロボティクスとは、簡単にいえばロボット工学ということになるが、ＡＩやＩｏＴなどの技術も関連分野だ。

そんな技術が、今後は暮らしのあらゆるところで使われるようになる。２０１７年には話しかけるだけで操作ができるＡＩスピーカーが話題になったが、このような技術が応用されたロボット家電が続々と登場しそうなのだ。

たとえば、観ている人の好みを学習するテレビや、音声で料理の作り方をレクチャーしてくれるオーブンレンジ、庫内に入っている材料でレシピを考えてくれる冷蔵庫などの開発が進められている。

もちろん家電業界だけでなく、医療や介護など、今後ロボットを導入する業界はますます増えていく。

投資信託でもロボティクス関連の商品は増えているのでチェックしてみる価値はありそうだ。

新登場！「電源機能つきクレジットカード」のカラクリ

最近のクレジットカードは使い勝手がよくなっている。スーパーやコンビニなど少額の支払いならサインする必要がなく、レジでカード情報を読み込むだけで支払いが完了する。

しかも、ネットで買い物をする際にはカードを提示する必要もなく、カードの表面に書かれている番号や有効期限を入力するだけでＯＫだ。暗証番号による本人確認などもない。

ただ、このようなサインレス決済は、簡単なだけにカードを紛失した時に勝手に他人に使われてしまう可能性も高い。

ちなみに、クレジットカードの不正使用による被害額は年々増えていて、２０１２年に68億円だったのが２０１７年には２３６億円と激増している。

そこで、そんな不正使用を防ごうと世界初のクレジットカードが登場する。それが電源機能つきカードである。

一般的なクレジットカードは、カードの表面にカード番号や所有者の名前、有効期限などの情報が印字されている。いってみれば、情報漏えいにまったく無防備な状態だ。

ところが、この電源機能つきのカードならこれらの情報を隠せてしまう。カードについているスイッチをオンにし、パスワードを入力しなければＩＣチップが働かないため、カード番号も表示されないのだ。

しかも、電源は８分間で自動的にオフになるので、万が一落としたり、盗難に遭ったとしても、パスワードを知らなければそのカードを使うことはできないというわけだ。

ただ、従来のクレジットカードでは、会計のために預けたカードの情報をスキマーで読み取られるという被害も少なくなく、電源を入れた状態で渡してしまえばどうなるのかなど、まだまだ不安な点もある。

　また、使うたびにパスワードを入力するのは慣れなければ面倒な作業でもある。しかし、社会のキャッシュレス化が進むなか、電源機能つきのクレジットカードがこれからのスタンダードになる可能性は高い。

「ソーシャルレンディング」でお金を貸し借りする方法

　お金は金融機関から借りるもの、という常識を覆す「ソーシャルレンディング」というサービスが登場して急成長している。

　これもやはり金融とＩＴを組み合わせたフィンテックのひとつで、まるで友達にお金を貸すように、お金を必要としている企業などに個人投資家から小口で集めたお金をネット上で貸すことができるというものだ。

　ネットで資金を募る方法としてはクラウドファンディングが有名だが、こちらは融資というよりも、ビジネスプランなどの趣旨に賛同した人がその事業を応援する

ために お金を提供する〝寄付〟のような形で行われることが多い。

だが、ソーシャルレンディングはあくまでも融資であり、借りたほうは貸した側に返済や配当、金利などのかたちでリターンする必要がある。

つまり、銀行を介することなく直接お金の貸し借りができるシステムで、運営会社が行っているのは融資のマッチングサービスなのである。

個人投資家がソーシャルレンディングでお金を貸すメリットは、他の投資商品よりも高い利回りを設定できることにある。

最近の定期預金は高くても年利は0・3%程度だが、ソーシャルレンディングは5～10%と高い。

もちろん、そのぶん借りる企業側は高い金利を支払わなければならない。だが、それでもソーシャルレンディングを利用するのは、やはり使い勝手がいいからだろう。

比較的小さなプロジェクトでも融資が受けやすく、審査も柔軟なので通りやすい。大企業ほどの信用がなくても、まとまったお金を素早く借りることができるのである。

もちろん、返済能力があるかどうかはしっかりとチェックされるが、銀行のような理不尽な貸し渋りに泣かされることもない。

今後もっとソーシャルレンディングが広まれば、欧米に比べて起業しにくいといわれる日本も変わっていくのかもしれない。

新ビジネスモデル「サブスクリプション方式」ってそもそも何？

スマホの通信料や動画、音楽の配信サービス、雑誌読み放題、自動車の乗り換え放題など、毎月決まった料金で商品やサービスが利用できる「定額制」が増えている。

利用するごとに支払いをするのではなく、あらかじめ決めておいた額で一定期間の使用権を持つビジネスモデルのことを「サブスクリプション」というのだが、このような形態はさまざまな業種に広がっている。

契約期間内であればバージョンアップもできるし、メンテナンスとサポートもついているので常に最新のサービスを受けることができる。ソフトウエア業界なども、パッケージ版からサブスクリプションへ移行することで売り上げを伸ばしているのだ。

そんななか、〝飲食業界の革命〟として注目されているのが、ラーメンのサブスクリプションである。

これは、とあるラーメンチェーンが２０１７年11月に始めたサービスで、スマホでアプリをダウンロードし、８６００円（税抜き）で月額サービスを購入すれば、その店の３種類のラーメンの中から毎日１杯、食べられるというものだ。

仮に１カ月間、毎日通って現金で支払って食べたとすると２万４０００円にもなる。

その点、前もってラーメンの〝定期券〟を買うと支払い額は約３分の１になるから、店側からすれば出血覚悟の大サービスだ。

しかし、ラーメンの原価率はおよそ3割なので、客に毎日食べられても原価割れはしないのである。

しかも、このサービスが業界初であることもあってネットやテレビなどで取り上げられ、宣伝効果は抜群なのだ。

関係者は「十分にもとが取れる」と自信満々である。

ちなみに、サブスクリプション型のサービスはカフェなどにも広がっている。ラーメンにしてもカフェにしてもキーワードは客の「お得感」で、儲かるかどうかはそれが継続されるかどうかにかかっているといえそうだ。

会社が生き残るために必要な「キャッシュの法則」

ビジネスで気になるのは何といっても資金繰りのことだ。

黒字だからといって安心しきっていると、資金が入り用になった時にキャッシュの都合がつかずにまさかの倒産ということもある。

資金の流れ（キャッシュフロー）だけはしっかりと把握しておいたほうがいいのである。

なかでも、大切なのがキャッシュの額だ。

キャッシュとは「現金」と、いつでも現金に換えられる「普通預金」「当座預金」の合計のことをいう。有価証券や自由に解約できない定期預金などはキャッシュとみなさない。

少々古いが、２００８年に起きたリーマン・ショックでは上場企業が次々と倒産した。同年度の倒産件数は45件にものぼったが、そのうちいわゆる「黒字倒産」は21件もあった。

決算書のうえでは利益を出して業績は好調だったはずなのに、なぜ倒産してしまったのか。

これらの黒字倒産をした企業はリーマン・ショックの影響で資金の流れが滞り、仕入れ代金などの支払いと売った代金の回収にタイムラグが生じて、支払手形の決済ができなくなってしまったのである。

たとえば、1000万円で仕入れたものを1200万円で売って200万円の儲けを出そうとする。

1000万円で仕入れた在庫の商品は決算書では資産として現金を持っているのと同じ扱いになるが、これが実際に売れて売り上げにつながらなければ現金にはならない。

だが多くの場合、納品しても売上金が入金されるのは先だ。1カ月後や2カ月後の入金ならば、まだ耐えることもできるだろうが、手形になると半年先の入金ということもある。

しかし、商品の売上代金を受け取る前に仕入れ代金を取引先に支払わなければならない場合もある。この時にキャッシュが手元になくて支払いができないと倒産することもある。

ある不動産会社では、取得したもののまだ開発していない土地を在庫としてリーマン・ショックの時に大量に抱えていた。しかも、それまでは積極的に融資してくれていた金融機関が急に貸し渋り、そのため開発に着手できず、資金繰りが急激に悪化してしまったという。

急場をしのいで土地の価格を大幅に値下げして売却し、手にした現金を銀行への返済にあててなんとか倒産だけは免れたが、いつ潰れてもおかしくない状態だったというのだ。

これを機に在庫がたくさんあってもキャッシュがないという状態は、倒産リスクが高いと改めて気づいたそうだ。この会社は無借金経営の重要さを認識し、今では業績も回復している。

ちなみに、キャッシュは月商の2～3カ月分あるのが理想的だ。そのキャッシュさえあれば、取引先が倒産して急に売上げ代金を回収できなくなっても、すぐに倒産ということにはならない。しばらく持ちこたえられれば資金繰りのメドをつけることもできる。

企業が生き残れるかどうかは、まさしくキャッシュの有無にかかっているのである。

企業のメルマガ配信の裏にある〝思惑〟とは？

今や多くの企業が配信しているのが、いわゆる「メルマガ」である。メールマガジンの略で、メールアドレスを登録した読者に対して企業が電子メールで自社製品の情報や専門分野のコラムなどを無料で継続的に送るというサービスだ。

しかし、メルマガを読んだところで、すぐにその企業の製品を買ったりサービスを利用したりする読者はそれほど多くない。企業側は無料で情報を提供し続けることにメリットがあるのだろうか。

じつは、こうした無料メルマガは「リスト収集」や「ブランド構築」などに大いに役立っているのだ。

たとえば、あるコンサルタント会社では、創業間もない頃から数種類のメルマガを配信したり、サイトの運営を行って情報を発信し続けている。

もちろん、コンサルタント会社なので〝製品〟の購買に直接結びつく情報を流すわけではない。

逆に、経営全般にかかわる自社が持っている知識やノウハウを無料で提供するので、一見すると無償奉仕のようにも思える行動である。

だが、消費者をメルマガに登録させることで、関連企業の事業内容に関心の高い人たちのリスト収集を効率的にできる。

また、読者に有益な情報や楽しい読み物を提供し続けることで、企業のブランドイメージをアップさせることもできるのだ。

こうした努力を続けることで、やがて無料でメルマガを読んでいる人の中から一定数が購買行動に出る。

このコンサルタント会社の場合、毎週1回コツコツとメルマガ配信を行った結果、ある時期から急激に問い合わせが増えたそうだ。しかも、関心度の高い上質な顧客からの問い合わせが多かったという。

つまり、企業はこうした一定数の「未来の顧客」のために無料メルマガに力を注いでいるのである。

しかも、メルマガ制作には多少のコストや労力はかかるものの、ほかの媒体に比べると広告宣伝費はほとんどかからない。

将来の売り上げアップのためには最小の努力で最大の効果を得る、じつに効率的な手法というわけだ。

メディアが煽る「老後資金はウン千万円必要」はどこまで本当？

金融庁が公表した「老後の資金は最低２０００万円必要」が一時問題になったことがあったが、早い時期から備えておかないと老後の生活が破たんする恐れが大いにあることは確かだ。

しかし、本当に資金が足りないのか、いくら必要なのかは冷静に考えるべきだ。

多くの場合、減額や支給開始の後ろ倒しといった不安要素はあっても、年金が老後の収入の大きな柱になることは間違いない。

「年金定期便」などで自分が何歳からいくら支給されるのかを確認し、月々の生活費を考えるとどれだけの不足があるのかは中高年に限らずチェックしておきたいものだ。

その不足分を補うのが個人でできる備えとなるのだが、金融業界の営業マンにかかれば「積立型の保険商品で少しでも多く貯めましょう」ということになる。しかし、積立型の保険商品は利率も悪いうえに、保険会社の手数料も含まれており、むしろ避けるべき商品なのである。

では、どうすればいいのかといえば、現役時代に少しでも貯蓄額を増やすことである。

まず、生活スタイルが変わる節目では加入している保険の見直しを行うようにしたい。

たとえば、子どもが独り立ちした家庭では、高額の死亡保険は必要ないだろう。保険料は月々の生活費の中で大きなウェイトを占めることが多く、老後資金を意識するなら真っ先に見直すべきなのだ。

現役時代を少しでも〝伸ばす〟努力も怠ってはいけない。定年退職した後であっても、スキルややる気さえあればまだまだ働ける人が多いはずだ。

職場の再雇用制度だけでなく、地域の中で働ける高齢者への求人は意外と多い。もちろん、現役時代に比べれば賃金は劣るが、それでも年金以外は収入がないという状況は避けることができる。

時代を考えれば、起業するという選択肢もある。2014年の中小企業白書によれば、起業家で最も多いのが60歳以上で全体の32・4%を占め、2017年には、65歳以上の起業者も11・6パーセントに達している。

しかも、企業に対する65歳までの雇用延長が義務づけられ、老齢年金の支給開始年齢の問題もあって、70歳まで引き上げられる可能性もある。これまでの「60歳で引退」という考え方はもはや通用しないのだ。

借り入れをせず、手を広げ過ぎず、「自分が食える分だけ」稼ぐというイメージでいれば、シニア層の起業はさほど難しくない。

ただし、現役時代からそのための勉強や資格の取得などは計画的に行っておきたい。

老後はある日突然やってくるものではないからこそ、事前に意識することで十分備えられるはずだ。

年金に対する不安要素が多い時ほど冷静に計算しなければならない。備えたつもりがかえって損をしたという事態にならないためには、賢い立ち回りが必要だ。

頭のいいギャンブラーは、ギャンブルを家計の中で考える

家計簿の項目の中に、「教養娯楽費」というものがある。書籍や文房具、趣味にかかる費用、旅行などの費用や学費以外の通信教育などの費用もこれに当たり、範囲はじつに幅広い。

この教養娯楽費の中に組み込んで考えたいのが、ギャンブル代だ。

たとえば競馬で考えれば、胴元であるJRAの取り分は賭け方によっても違うのだが、おおむね20〜30％に設定されている。つまり、賭け金の2、3割は確実にロスすることになるのだ。

しかも、賭け金を全額失うこともあると考えると、リスク管理の点からみたら家計を圧迫するまでつぎ込んではならないことはわかる。

コンサートや映画に行くと考えて、1カ月のうちどれくらいなら費やしてもいいのか計算してみるといい。その額を出ない範囲内で行うギャンブルなら教養娯楽費として許容されるはずである。

「もしかしたら当たるかも！」という甘い期待にはたいていの場合、何の根拠もない。

ギャンブルはそもそも胴元が儲かるようにできており、大半の人は損をしてしまう。

それでも大金をつぎ込んで、極端な話になると借金まで重ねてしまうのがギャンブル依存症である。

ギャンブルが射幸心を煽ることについては社会的な問題になっており、業界各社でもその対策に乗り出している。

最近、特に問題になっているのが、スマホゲームへの過剰な課金だが、いわゆるガチャに関して当たりの確率を明示するようになったり、パチンコ店ではその日の限度額を自己申告しておき、それを超えた場合にスタッフが知らせてくれるサービスを始めた。

さらに驚くのは、フィンランドの国立健康福祉センターによるギャンブル依存症に対する点鼻薬での治療の研究だ。

脳内のドーパミンの生成を抑える成分を利用した点鼻薬が、ギャンブル依存症に即効性があるのではないかと期待されているというのだ。

依存症までいかなくても、ついやり過ぎてしまうということは誰にでも起こりうる。

ギャンブルは投資や資産運用ではなくあくまでも娯楽費なのだ、ということを肝に銘じてほどほどに楽しむように心がけたい。

ムダ遣いを一気に撲滅する「家計簿アプリ」の使い方

夫婦共働きが増えた現在では、「夫婦であっても財布は別」というスタイルも多いだろう。しかし、「家庭の運営」という観点から見れば、トータルの家計が今どのような状況にあるかは把握しておいたほうがいい。

そこで役に立つのが、スマホの家計簿アプリだ。レシートを撮影すると情報を取り込んで家計簿にしてくれるアプリや、クレジットカードや銀行口座と連動させてお金の動きを把握できるアプリなど、気軽にできるものから本格的なものまで多種多様なものが提供されている。

また、それぞれ別の財布を持っているという夫婦におススメなのが、グループで家計簿を共有できるタイプのものだ。

このアプリを使えば、夫婦それぞれの支出と、合算した収支を把握できるため、赤字や黒字、支出のバランスなども細かくチェックできるのだ。

さらに、証券口座やポイントカードとの連携もできるものもあり、一家の資産管理をスマホ1台で行うことができるメリットがある。

企業でも家庭でも、収支を管理するのは基本中の基本だ。何となく使いすぎて赤字になったり、使うべき時に使っていいのかどうかわからないのでは、経営が破たんしてしまう。互いの収支を合算してチェックできれば、資金計画も的確に立てることができるはずだ。

また、スマホアプリならアナログの家計簿よりも気軽に始めることができるので、今まで家計簿をつけても続かなかった人にもおススメだ。

ただし、家計簿アプリはクラウドを利用しているため、セキュリティの点では不安が残る場合がある。

ハッキングなどで情報を抜き取られたら犯罪に巻き込まれる可能性もないとはいえない以上、住所などを登録してある「Facebook」などとの連携は避けたほうがいいだろう。

今後もスマホアプリなどを利用したデジタル家計簿のサービスは増える一方だろうが、安全性も考慮しながら自分たちのニーズに合ったものを利用していきたい。

万人向けのお小遣い稼ぎなら「ブログアフィリエイト」

ネットで簡単に副収入が得られるとして一気に有名になったのが、ブログなどに表示される広告のアフィリエイトだ。特別なスキルも必要なく、スマホやパソコンさえあれば誰でも気軽にできるのがアフィリエイトの特徴である。

ブログ主はただ広告主のバナーをブログの中に貼り込むだけで、その商品が売れたら報酬を受け取ることができるという仕組みになっている。

ブログ主にはいっさいの費用がかからないため、アフィリエイトを始める人は多い。本来、リスクの少ない安全な副業なのだが、市場が大きくなればそこに目をつける輩も多くなるのが世の常である。

そこで、最近問題になっているのがアフィリエイト詐欺だ。「アフィリエイトで稼ぐ方法教えます」などとうたった講座を開設してお金を振り込ませるという手口が代表的である。

また、大学生など若者をターゲットにして、アフィリエイト会社に人を紹介させて登録料を取るというマルチ商法まがいの詐欺も増えている。

少しでも多く儲けたい、楽して稼ぎたいといった人の欲につけ込んだ巧妙なやり方は、ネットが舞台であっても使い古された詐欺師の常套手段である。

ブログのアフィリエイトは、本来費用が発生するたぐいのものではないことを肝に銘じておくべきだろう。

アフィリエイトの仕組みとしては、まずブログの閲覧者を増やすことが広告収入アップの唯一の道だ。一般の人がただの記録としてブログを書いている場合、アフィリエイトをやっていてもそれほど収入は期待できない。

稼げるアフィリエイトを目指すなら、ブログの閲覧人数を増やす努力が必要で、始めるのは簡単なものの、本当に稼げるようになるのは閲覧人数を増やそうという意識でブログを〝書ける〟人だけなのである。

このことが、参入者は多くてもそれで生活できる人はそれほど多くないという現状につながっているのかもしれない。

「楽して儲かる」ということはあり得ないのだということを忘れなければ、アフィリエイトは万人向けの気軽なお小遣い稼ぎ程度にはなる。その反面、工夫しだいでは十分な副収入を期待できるツールなのである。

「セルフメディケーション税制」がつなぐ〝お金〟と〝健康〟

長寿社会といっても、単純に喜べないのが昨今の世の中だ。

もらえる年金は目減りして、現役世代の給料もそれほど上がっているわけでもない。せめて健康なら幸せかと思うが、年を重ねれば体のあちこちに不具合が出てきて医療費もかさむものだ。大病をするようなことはなくても、日常の些細な不調は誰にでもあることだろう。

そんな長寿社会の「健康」にお金の面からスポットを当てた制度が期間限定で登場している。それが、セルフメディケーション税制である。

セルフメディケーションとは「自分自身の健康に責任を持ち、軽度な身体の不調は自分で手当てすること」と、WHO（世界保健機関）の憲章にも定義されている。わかりやすくいうと、病院に行くほどもない不調を市販薬でケアしたり、検診などを受けて日頃から健康維持に努めることである。

2017年に導入されたセルフメディケーション税制は、医療用から一般向けに転用された有効成分を含むスイッチOTC医薬品の購入のうち、1万2000円を超える分を減税の対象にするというものだ。

従来の医療費控除制度では、医療費や市販薬の購入が年間で10万円を超えた場合に減税の対象となっている。年間で10万円ということは月平均で8400円程度となり、控除額まで達しない人も多かった。そこでセルフメディケーション税制を利用すれば、減税のハードルはぐっと下がるのだ。

しかし、市販薬といっても対象になるものを見分けなければならない。パッケージに対象商品であるというマークがついているものもあるのだが、すべてに行き渡っているわけではない。

スマホアプリの中にはレシートを読み込むと対象市販薬の購入金額を自動的に仕分ける機能を持っているものもあるが、購入する際はあらかじめ厚生労働省のホームページなどで確認するか、店頭の薬剤師などに確認するのがいいだろう。

ここで注意したいのは、セルフメディケーション税制と従来の医療費控除は併用できないということだ。どちらを使ったほうが得になるのかは人によって違うのである。

また、各種検診や予防接種を受けたという証明がないと利用できないということも覚えておきたい。

セルフメディケーション税制は、あくまでも自分の健康を自分でケアしている人のための減税制度なのである。

価値ゼロの空き家でも「空き家バンク」に登録すると…

「空き家問題」が社会的な論議の対象になったのは、２０１３年に全国の空き家数が８２０万戸、空き家率でいうと13・５％という過去最高の数字を記録してからだ。社会問題となったことで空き家を取り巻く状況はそれまでとは大きく変わり、主のいない実家を相続してそのまま空き家として放置しておくにはリスクが高くなっている。

そんな空き家問題を解消するために２０１５年２月に施行された空き家等対策の推進に関する特別措置法によって、それまで更地の６分の１程度に抑えられていた固定資産税の優遇措置がなくなったのである。

「更地にすると税金がかかるから、このまま置いておこう」など思ったら大きな間違いなのだ。

とはいえ建ててから年数も経っており、交通の便も悪いとなると、なかなか買い手がつかないのではと案じてしまうが、ここで利用したいのが買い取り再販を行う業者である。

しかし通常の不動産取引では不動産業者が仲介となって買い手を見つけてくれることになる。つまり、買い手が見つからない限り売却はできない。

買い取り再販では、不動産を業者が直接買い取り、リフォームしたうえで売りに出すという手順を取る。

この方法だと、買い手がなかなかつかない物件もすぐに現金化できるのである。

リフォームなどのコストがかかるため買い取り額は安くなってしまうが、そのまま置いておけばマイナスがかさむ一方となれば、利益は少なくても売却できれば助かるはずだ。

また、買い取り再販業者でも引き取ってもらえないような山村地帯などの資産価値がない家の場合でも、自治体が運営している空き家バンクに登録することで売却したり民泊などとして活用することができる。

田舎暮らしがブームとなっている現在では、過疎地であってもそこに移住したいという一定のニーズが見込めるのだ。

空き家バンクは各自治体がそれぞれ運営していたもので横のつながりがなく、物件を探しづらいのが難点だったのだが、２０１７年９月に全国の空き家バンクを集約したサイトがオープンした。

これによって、各地にある空き家を一挙に検索することが可能で、併せて地域の求人情報なども探すことができるなど格段に利便性がアップしており、今後の利用が拡大していくことが見込まれているのだ。

ちなみに、最近では不動産サイトなどで「１００円の家」が販売されている。実際は1円で売られているらしく、売主がただでもいいからとにかく手放したいのだという。背景には深刻な空き家問題があるのはまちがいない。

住み慣れた思い出の実家が負の遺産とならないように、実家の第二の人生についても真剣に考えておくべきなのである。

超高齢化社会に欠かせない仕組み「財産デッドロック」って何？

「財産デッドロック」という言葉をご存じだろうか。デッドロックとは膠着状態を表すのだが、認知症などによって判断能力を失った人の財産を売ることも動かすこともできなくなることをいう。

超高齢化社会で、認知症を患う人が増えている現状では、財産デッドロックを防ぐ老後資金対策が急務となっている。

そこで注目したいのが「家族信託」だ。信託といっても金融商品ではなく、簡単にいえば家族による後見制度だ。

従来の成年後見人制度では、家庭裁判所が任命した後見人が財産を処分したり、契約などを行うこともできる。

しかし、注意が必要なのは、あくまでも本人の利益になる場合に限られるということだ。つまり、相続税対策といった理由では、不動産などを処分することはできないのである。

家族信託は2009年に始まった新しい制度で、本人と家族が信託契約を結び、さらに監督者を置くことで細やかなケースに対応した財産管理を行うことができるのだ。

たとえば、アパート経営をしている父親が長男と家族信託契約を結ぶとする。長男はアパートの管理を請け負うが、家賃などの利益はそのまま父親が享受することで生前贈与とはみなされず、相続税はかからない。

また、父親の死後、通常の相続手続きでは相続人全員の承諾と押印が必要だが、家族信託契約を結んでおくことで裁判所は柔軟な対応をしてくれるケースが多いという。

認知症と診断された後では、家族信託契約を結ぶことはできなくなる。老後の資産管理という意味でも、まだ元気なうちに一番信頼できる家族にその財産を守る役目をゆだねるのは賢い選択といえるだろう。

特集1

そこに
“儲けの戦略”が
あったんだ！

世界初のロボットホテルが実践する〝新しいビジネス〟のカタチ

回転寿司の待合室などで順番待ちをする客の番号を呼び出し、家電量販店では最新コーヒーメーカーの使い方を説明したかと思えば、東京の地下鉄の駅では英語や中国語で外国人観光客に観光案内をする。

これらは全部、人工知能を搭載した人型ロボットのペッパーがこれまでに行ってきた〝仕事〟だ。

ちょっとハイトーン気味の「いらっしゃやませ」の声に聞き覚えのある人も多いだろう。

ロボット工学を応用した製品開発を行うロボティクス関連企業は投資の分野でも注目株だが、少子化で労働力が減っている日本では、ペッパーだけでなくいろいろなロボットが身近な存在になりそうだ。

そんな未来の縮図ともいえるのが、世界初のロボットホテル「変なホテル」である。

ここでは、チェックイン・チェックアウトやフロント業務はもちろん、クローク係、荷物を持って客室に案内してくれるポーターも全部ロボットの役目だ。

客室にも多言語に対応するロボットがいて、窓ふきや庭の芝刈りもロボットが担当する。

これだけでも話題性は十分だったが、さらにロボットがスタッフとしてはじめて働いたホテルとしてギネス認定まで受けているのだ。

しかし、ロボットホテルが何といっても優れているのはコスト面だ。

ホテルが客に十分なサービスをするのに必要な従業員の数は客室数の２倍ともいわれるが、少子化や人件費の高騰などで実際にはそんなに集められるはずもない。

そこで、人間が担ってきた仕事にロボットを活用して、〝人間〟の従業員数を最大限まで抑えれば、相当なコストをカットすることができるのだ。

新たなロボットの開発も続いていて、今は人間の手で行っているベッドメイキングや水回りの清掃などもそのうちロボットの仕事になりそうだ。

しかも、電気は自家発電の自然エネルギーを利用していて、客室の照明は人感センサーによって自動的にオン・オフになる。

コストの削減にもとことんこだわっているのである。

ここまで自動化やロボット化が進めば、ホテルに限らず従業員の確保が難しそうなほかの企業や分野にも進出することが可能になるはずだ。

「安眠」ブームの波に乗るニュー・ビジネスとは？

仕事のストレスや人手不足による長時間労働、パソコンやタブレットなどの長時間使用…。便利な世の中になったといわれているのに現代人は疲弊している。

そんなご時世だからか、街にはたまった疲れを癒しますなどとうたうスポットが増えている。期間限定ではあったが、2017年には「睡眠カフェ」がオープンして話題になった。

このように快適な睡眠をウリにしたビジネスは、じつは静かに、しかし確実に世の中に浸透してきている。

睡眠カフェや女性専用の「お昼寝カフェ」といわれる店が増え始めたのは2013年頃で、テーブルにうつ伏せになって仮眠をとれるだけでなく、ベッドでしっかりと寝られるスペースがあるのが特徴だ。

また、気持ちよく眠るための環境づくりにこだわった客室プランを用意するホテルも増えている。

ホテルによって内容は違うものの、専用の客室がある階はフロアごと禁煙になっていたり、マッサージチェアが備えつけてある。浴室のシャワーヘッドもリラクゼーション効果のあるものが設置されていたりする。

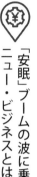

そして、ベッドにはアスリートが愛用していることで知られる体圧を分散するマットレスが完備されているなど、至れり尽くせりの内容だ。

様々な企業が、ホテルチェーンや不動産業者などと組んで快眠ルームを企画している。

こちらは、快適な部屋づくりに加えて、眠りの深さや睡眠時の状態を計測する機器を使った健康支援サービスがウリだという。

健康に悪影響を与えるとされる〝睡眠負債〟なる言葉も２０１７年の流行語大賞のトップ10に選ばれるなど、睡眠不足を解消したり、質のいい睡眠を求める声はますます高まっている。

安眠ビジネスはさらなる進化が期待できそうだ。

ビジネスから読み解く「自動外貨両替機」のいまとこれから

２０１８年の訪日外国人の数は前年比で８・７パーセント増の約３１１９万人と統計開始以来、過去最高を更新した。今後も増加が続いていくと予測されるが、繁華街や観光地を訪れて、訪日外国人が増えていることを肌で感じた人は多いだろう。

ところで、外国を旅行した時に何となく面倒なのが現金の両替だ。入国した時に空港で両替したとしても、旅行中に足りなくなったり、また両替しすぎて余ってしまったりする。

何しろ海外ではキャッシュレス化が進んでいて、クレジットカードどころかスマホ決済が当たり前になっていたりするからだ。

中国では、スマホでQRコードを読み込んで支払いをする決済サービスが普及していて、コンビニやタクシー、そして博物館の自動券売機もお土産売り場でもスマホを使って支払いができる。現金は面倒だという国民も多い。

日本でもキャッシュレス化がかなり進んできたもののまだまだ現金払いだけの店も多い。これは、外国人にとってただ面倒なだけのようだが、かといって日本を旅するなら両替しないわけにはいかない。

そこで、最近見かけるのが自動外貨両替機だ。

外国人客の利用が多い都市部のホテルやコンビニ、観光案内所、大阪に行くとパチンコ店にも設置されている。

自動両替機が設置されている場所はサイトを見ればわかるので、それだけで外国人観光客を呼び寄せるツールになっているのだ。

さらに、ただ両替するだけでなく、両替の際に発行されるレシートが設置店のクーポン券になっているなど、店側のメリットもしっかり考えられている。

政府もキャッシュレス化を支援していることあり、日本でもスマホ決済はどんどん普及し始めている。今後、都市部では自動外貨両替機の需要は減ってきそうだ。

とはいえ、最近では日本人も知らないような地方のマイナーな場所まで足を延ばす外国人も多い。そうなるとやはりある程度の現金は必要になってくる。

自動外貨両替機は今後、地方で増やしていき、外国人観光客には現金での支払いを介して日本の日常を味わってもらうことになるかもしれない。

自動運転技術の実用化の先にあるビジネスチャンスとは？

現在の自動運転の進捗状況はまだ部分的な段階だが、自動車メーカー各社は2020年までに完全な自動運転の実用化へこぎ着けようとしのぎを削っている。

運転手がまったく運転に関与しない、さらにいうなら運転手そのものを必要としない自動車は、もはやSF世界の話ではなくなってきた。

実際、シンガポールでは無人タクシーの構想が着々と進みつつある。

計画を主導しているのはタクシー会社でも自動車メーカーでもなく、東南アジア配信アプリにおける最大手の企業だ。

　同社はすでにシンガポールをはじめ、東南アジア8カ国でタクシーの配車サービスやライドシェアサービスを展開している。1日あたりの利用件数は4万件に上るという。

　ここで培ったノウハウを活かし、今度は無人タクシーへ手を広げようというわけだ。

　もっとも、無人タクシーを実用化するにあたっては、カメラやセンサーで集めた情報を総合的に分析するＡＩの技術が欠かせない。これに関しては日本のＩＴ企業と協力体制を整えた。

　この会社は、東南アジアでこそ無人タクシーの勝算が大きいと考えている。東南アジアでは公共交通機関があまり発達しておらず、電車やバスを乗り継いで移動しなければならない人が多い。

　その点、無人タクシーは最短距離を選び、ドア・ツー・ドアで目的地まで行けるからだ。

　アメリカの調査会社の報告によれば、2016年の東南アジアにおける配車サービスの市場は、約165億ドルだった。それが2021年には224億ドルまで伸びる見込みだという。

　この無人タクシーは2022年に実用化の予定だが、同社はそれより早く実現できる可能性があると意欲的だ。

〝ポスト・スマホ〟でＩＴ企業が見据える次の一手

アメリカの大手ＩＴ企業における２０１７年の決算報告では、プラットフォーマー（基盤提供者）として君臨する４社が好調に業績を伸ばした。

こうしたＩＴ企業の成長は、スマートフォンの普及に支えられていたといっても過言ではない。スマートフォン本体の販売、ネット検索や通販、ＳＮＳといったジャンルで膨大なユーザーを獲得し、そこから得た情報を元に広告事業などで高い収益をものにしてきたのである。

ところが、０・１％とごくわずかではあるものの、２０１７年はスマートフォンの販売台数が減少した。もっとも、販売がスタートした当初に比べると近年は成長が鈍くなっているということだ。

価格につり合うほど斬新な機能の進化が見られないせいか、消費者がそうそう飛びつかなくなったのである。

さらに、スマートフォン市場では中国系の企業に押されぎみだ。数年前はトップ２社でシェアの半分くらいを占めていたのだが、10ポイント以上も数字が落ちた。そのため、ポスト・スマートフォンをめぐり、市場の争奪戦が激しくなっているのだ。

たとえば、ＡＩの開発もそのひとつだ。

スマートスピーカーと呼ばれるＡＩを搭載したスピーカーは、音声に反応して必要な情報を提供してくれる。２０１４年に発売された最初の機種で２万以上のスキルを備えていたという。

その後は他社も次々と追随し、個人の声を聞き分ける機能がついたファミリーで使える機種もある。

また、ネット検索やＳＮＳを手がけていた企業が、自社でのネット通販に手を広げたりもしている。動画コンテンツでもユーザーを奪い合っている状態だ。

スマートフォンの次を狙った争いはそれぞれの領域を超え、今後もますます激化していきそうな模様である。

「民泊法」の施行をビジネス目線で読むとこうなる

２０２０年には東京オリンピックが開催されるが、さらに増加するであろう観光客を狙ってホテルの建設ラッシュが続いている。東京や大阪など主要８都市では約８万室が増える見込みだという。

以前は宿泊場所の不足が懸念されていたが、最近では一転して供給過多になるのではないかとも予測されている。部屋数が増えただけでなく、民泊という新たなライバルが登場したからだ。

ホテルは設備が整い、行き届いたサービスを受けられる反面、料金が高い。そのため、もっとリーズナブルな民泊に客が流れていく可能性があるのだ。

　世界的に見ても民泊は急速に普及している。アメリカを例にとれば、２０１０年の民泊利用者は全体の８％だったのに、わずか4年で25％に上昇した。

　それに伴い急成長しているのが民泊仲介業者である。個人宅の空き部屋を提供するスタイルなので、多くは代行業者に運営を任せているのだ。民泊仲介で最大手のアメリカ企業は、１９０カ国で約４５０万件もの物件を扱っている。

　この企業はすでに日本で6万件を越える物件と提携しているが、民泊の本格的な解禁に向けていっそう事業を拡大する予定だ。

　その一端として、法事や法要に僧侶を手配するサービスを行う日本企業と手を組んだ。これは寺を民泊に使う計画で、座禅や写経など寺ならではの体験も考えているという。檀家が減りつつある今、寺側にとっても民泊はメリットがあるのだ。

　２０１８年の訪日外国人は３１１９万人で、過去最高を記録した。同年6月には住宅宿泊事業法（民泊法）が施行され、政府は２０２０年までにこの数を４０００万人、２０３０年には６０００万人にすることを目標としている。

　ますます需要が高まりそうなこの分野

に目をつけ、仲介や運営といった民泊関連事業に日本のＩＴや不動産の大手企業も次々と参入を表明している。

寺離れの時代だからこそ誕生したニュービジネスの仕組み

離檀など最近は寺離れが深刻化している。先祖代々の墓を菩提寺から引き払って葬儀会社が運営する霊園に移したり、墓じまいしたりする人も少なくない。

一方、そんな寺離れの傾向に着目し、ビジネスチャンスを見出している企業もある。

たとえば、葬儀の仲介などを手がけるベンチャー企業は、葬儀や法事・法要にお坊さんを定額料金で手配するサービスで世の中の注目を集めた。

価格は全国一律で、３万５０００円からだ。寺との関わりがなく僧侶をどうやって手配したらいいかわからない、お布施は高そうで費用が心配だ、今後檀家になるのは面倒だと考えている人からのニーズに応えたサービスである。

このサービスをインターネット大手の通販に出店したところ仏教界からの反発を招いたが、逆に話題になったことで利用者からは問い合わせや注文が急増したという。２０１９年10月にインターネット大手での提供は終了したものの、サービスは自社のＨＰで継続している。

また、お寺で婚活をする「寺コン」も人気を集めている。僧侶が運営する婚活組織が始めたもので、寺に縁の薄い30代や40代の男女に寺への親しみを持ってもらうきっかけになればと社会貢献を目的としてスタートした。

この寺コンが人気を集めたことで、婚活サービスを展開している企業が同じように寺コンを企画・実施したところ、毎回キャンセル待ちが出るほど好評だという。

参加者は座禅や写経などの体験をしたあとでフリートークをし、気になる相手を探す。寺という場所柄もあってか、真面目な人たちが参加しているのではというイメージも人気の理由だ。

ふだんは寺と縁の少ない世代なだけに、通常の婚活にはない仏教体験を通して精神的にも充足感を得ることができ、相手の内面にも触れられるのではないかという期待感があるのだ。

同じような理由で、現役の僧侶が経営しているバーも人気になった。

一杯呑みながら目の前のお坊さんに悩み相談に乗ってもらえる気軽さがウケたのだという。

寺離れが加速している今だからこそ、寺の存在を必要としている人の需要があったわけで、意外にもそこにビジネスチャンスが眠っていたわけである。

なぜ人は〝おなじみ〟のモノに財布のヒモがゆるくなるのか？

高校野球で自分の母校が出場をしているわけでもないのに、つい出身地の学校の応援に力が入ってしまうというのはよくある話だ。理由は単純で〝なじみ〟があるからである。

ところが、それが「投資」という局面においても顔をのぞかせてしまうのは少々問題がある。

世界の証券市場の大部分を占めるアメリカ、イギリス、そして日本の株式市場で、投資家の8割〜9割以上は自国の株に投資している、というデータがある。つまり、多くの投資家が自国の、そして地元になじみのある企業に投資しているのだ。

株価が不安定になることはよくあることだし、だからこそ投資の多様化は必要なのだが、ただいくらなじみがあるからといって多小のマイナス要因には目をつぶり、ある特定の銘柄に投資するのはやはり危険といえる。

リスクやリターンをじっくりと比較し、どの銘柄に投資するのかを検討するうえで〝なじみ〟というフィルターはその企業の持つさまざまなリスクを見えにくくしてしまうデメリットがあるのだ。

これは、投資の世界では「オーバーコ

ンフィデンス」（自信過剰）と呼ばれている。読んで字のごとく、自らの投資を過信してしまう投資家の心理状態のことだ。

実際、「自分の読みは間違いない！」と、自分の運用実績や眼力を過信してしまい、大きな痛手を負ってしまう投資家は少なくない。

その会社のことをちょっと知っているからといって必ずしも信頼できる会社であるとは限らない。海外の企業に積極的に投資をするかどうかはともかく、経済動向やマーケットを冷静かつ客観的に分析する眼を鍛えていくことが大切なのである。

なぜお店は「値引き」するより「おまけ」をつけたがる？

家電量販店やドラッグストア、スーパーマーケットなどで発行されるポイントカードだが、このシステムを導入する店は増える一方だ。

ただ、ちょっとでも得したいと思って行く先々の店でカードをつくってしまうと、気がつけば財布の中はカードでパンパンに膨れ上がってしまう。

ところで、このポイントカードは購入金額の一定の割合をポイントにして客にキャッシュバックするという仕組みになっているが、それにしてもどうしてここまで人気になったのだろうか。それは、より大きな割引感を客に与える効果があるからだ。

たとえば、100円の購入で1ポイント付与されるとしよう。1万円の買い物をすれば100ポイント、つまりは100円分をキャッシュバックされることになる。

冷静に考えてみると、これは9900円で商品を買ったのと同じだと考えることができる。次に買い物をする時には、100円の割り引きをしてもらえるからである。

つまり、ポイント化してキャッシュバックするのも、商品を値引きして販売するのも、その率から考えると店側としては同じことなのだ。

しかも、ポイントカードをつくった客は同じ店に通ってポイントを貯めようとするため、常連化させるというもうひとつの効果も期待できる。

一方、消費者にとっては、支払いの時に財布から出す金額を抑えることよりも、ポイントが貯まっていくほうが「お金が戻ってくる」「お金がもらえる」という一種の期待感とともに〝貯める〟楽しみを持つことができる。

かくしてポイントカードを導入することで、店だけでなく客の満足度も格段にアップしていくのである。

「常連を大事にするお店の方が長続きする」の法則とは？

店に入ると、さりげなくサービスの"一品"が出てくる。「○○様のお好みにあうのではないかと思いまして…」など と、店員から親しそうに名前で呼ばれる。こんな特別扱いを受けるのが常連というものだ。

自分が一見の客だと、つい「常連にばっかりいい顔をして」などとボヤきたくなってしまうものだが、店が常連を大事にするのは当然のことなのだ。なにせ、売り上げの約80パーセントは常連客によって支えられているといわれているからである。

人間には、自分の過去の経験を通して、ものごとの善し悪しを判断する「自己ハーディング」という性質がある。何度も店に通って常連になると、もうその店で買うことを迷ったりせず、ここでお金を使うのは正しいことだと判断してしまうのだ。

そうして、しだいに満足度が高まった客の心中には「返報性のルール」が生まれる。これだけ満足させてくれるのだから、ひいきの店にしようといったギブ・アンド・テイクの精神である。これで、さらに足しげく通うことになる。

ちなみに来店する客のうち、常連客は

2割ほどだという。しかし、不確実な80パーセントに期待するより、確実な売り上げを見込める常連のほうが貴重な存在なのである。

上着を買うつもりでスラックスまで買ってしまうのはなぜ?

気に入った上着を見つけたが、しかし自分には色が明るすぎる——。

さて、あなたならどうするだろうか。店員は、「でしたら、こちらならシックな色でちょうどいいかと思いますが」と別の上着を出してきた。これなら明るすぎず、落ち着いた色だ。

また、別の店員は、「その上着でしたら、このスラックスを合わせると、色がピッタリで気になりませんよ」と、スラックスを出してきた。

たしかに上着とうまくマッチしているが、この客の財布のヒモを緩めるのはどっちの店員だろうか。答えは、後者である。

前者の店員は、ひとつのミスを犯している。「その客は、その上着を気に入っている」ということを忘れているのだ。自分には明るすぎると思いつつも、惹かれているからこそ悩んでいる。

だから、落ち着いた色の上着を示しても、「それなら、いつもと同じことだ」と考えることになるから購買意欲は失せてしまうのだ。

その点、後者の店員は「客がそれを欲しがっている」ということを十分に認識したうえで、その上着を活かすためのコーディネイトを工夫している。客の意欲は減退しないどころか、スラックスしだいで自分にも十分に着こなせるかもしれないと思うようになるのである。結果として、客は上着だけでなくスラックスも一緒に買うことになるだろう。

　客の願望を認識したうえで、それを満たす手伝いをする。それこそが、売る側の巧妙なテクニックである。

「大丈夫かな」「似合うかな」と不安に思っていても、スラックスと合わせることで自分の希望を現実のものにした客は大いに満足するはずだ。

どうして銀座では「コーヒー1杯1000円」でも納得できるのか？

　１００円でおいしいコーヒーが飲めるコンビニエンスストアが定番化したが、東京の銀座には、今もコーヒー１杯が１０００円以上という喫茶店が珍しくない。

　客の多くも「銀座なのだからしかたがない。なんといっても地価が日本一の場所にある喫茶店なのだから」と納得している。果たして、この理屈は正しいのだろうか。地価とコーヒー１杯の値段は、それほど密接な関係があるのだろうか。

たしかに、地価が高い↓テナントの賃貸料が高い↓コーヒーの値段が高い、という構図は成り立つ。これはこれで間違いではないが、ここにはもうひとつ重要なファクターが抜け落ちている。

この理屈が成立するためには、さらに「その値段でも納得して払ってくれる客がいる」という条件がなければならないからだ。

銀座という場所に高い付加価値があることを認め、「銀座のコーヒーは高い」ということを受け入れてくれる消費者側がいてこそ、１杯１０００円のコーヒーが成り立つのだ。

つまり、「銀座なのだから高級なのは当たり前」ということが大前提になっているというわけだ。逆の見方をすれば、「地価が高いから、銀座のコーヒーは高い」のではなく、「銀座のコーヒーに１０００円を払う客がいるから、地価が高い」ともいえるのだ。

通販サイトで人はなぜ「ついで買い」してしまうの？

ずっと欲しかったデジタル一眼レフカメラが、通販サイトで家電量販店よりも安く売られていたとしよう。安くなっているとはいえ、そもそも高価な買い物だ。

でも、これ以上の安値は今後きっと期待できないだろう。どうしよう…と悩みに悩んだ末に思い切って通販サイトで買うことにした。

緊張する指先でマウスを操作し、カートに入れていざ購入ページへ。するとそこに表れるのが、「これを購入した人はこのような商品も購入しています」という表示である。

見てみると、カメラバッグやレンズなどの付属品が並んでいて、「たしかに必要かも…」などと、今度はあまり値段を気にせずカートに追加してしまう…。

カメラ本体の値段にかなり躊躇しながらも、このようにいとも簡単に「ついで買い」をしてしまうのは「テンション・リダクション効果」のせいである。

テンションは「緊張」、リダクションは「消滅」の意味で、人は高価な買い物をする時は緊張するが、買ってしまえば緊張感が緩む。そこに「これを購入した人は…」とイチ押しされると、つい気が大きくなってついで買いに走ってしまうのである。

クセのある店が「行列のできる店」になるカラクリとは？

人にはそれぞれ好みがある。ラーメンひとつをとっても、あっさりとした塩味が好きだという人もいれば、こってりとした豚骨がいい、いや魚介系濃厚スープだろうなどと千差万別で、万人ウケする味などつくれるはずはない。

　にもかかわらず、店の入り口から店を取り囲むようにして大行列ができる店がある。

　その店のラーメンを食べた客の何人かが「おいしい」と言い始め、それが口コミやネットで広まってどんどん客が集まってくる。

　そして今度は、その店の混雑ぶりを見た人が並び始め、その行列を見た人がまた列をなす。こうして〝行列のできる店〟ができあがるのである。

　このように、誰かが「いいね！」というと人が集まってくることを「バンドワゴン効果」というのだが、こうした他者の下した判断に影響された人たちによって思わぬ流行が生まれることもあるのだ。

　口コミの威力は侮れないのである。

大きい買い物をすると、人の金銭感覚に異変が起きるのは？

　ボーナスが出たので、ふだんは絶対に買わないような10万円のスーツを買ったとしよう。

　包装されるのを待ちながら満足感に浸っていると、５０００円のネクタイが目についた。いつもは１本１９８０円の安いネクタイしか締めないが、「10万円のスーツなんだから、これくらいのネクタイがピッタリだな」と、ついネクタイも買ってしまった。

――これに似た経験をしたことはないだろうか。前述のとおり大きな買い物をした時に、いつもは買わないような高価なものをついでに買ってしまうのは、人間心理の性である。

ここでポイントになるのは、最初に買ったものの値段だ。それが、いわばその場における基準値となる。その金額を基準にして、あらゆるものを「高いか安いか」で考えてしまうのだ。

この基準値が大きければ大きいほど、ついムダな買い物もしてしまうわけだ。

いつもは「高くて手が出ない」と思っている5000円のネクタイも、スーツの値段である10万円と比べれば、たいしたことがないように思えてしまうのである。

大きな買い物をした時は気の緩みがないか、いつもより気持ちが大きくなっていないかどうか、自分自身に問いかけたほうがいいだろう。

なぜ高級住宅地では、安売りが一切通用しないのか？

○○の店で「安売り」をしていると聞けば、たいていの人は行ってのぞいてみたくなるものだ。ところが、高級住宅街では安売りが通用しないという説がある。

どうして高級住宅街ではダメなのだろう

か。

これには、いくつかの心理的要因が考えられる。

ひとつは、お金持ちが自分のイメージに縛られているということである。いつも自分は高級なものを買っているという感覚を崩したくないため、安売りのモノなど最初から目に入れていないのである。

もうひとつ考えられるのが「ヒューリスティクス」である。人は何かを判断する時に、論理的に考えるよりも直感で簡単に結論を出してしまう傾向が強くなるが、これをヒューリスティクスという。

たとえば、同じようなデザインのバッグが並んでいても、ブランドのロゴがついているだけで、そちらのほうがいいと判断してしまうといった具合だ。スーツを着ていればみんなサラリーマンだと思ってしまうのも同じ心理である。

つまり、高くていいものを買い慣れていると、安いものは品質が悪いものだと勝手に判断してしまい、安売りの商品には手を出さないというわけである。

それほど安くなくても買ってしまう「アウトレット」の心理作戦とは？

全国各地にあるアウトレットモールは、休日ともなると駐車場に入るための車列ができるほどの人気だ。高速道路で遠方のアウトレットまで出かける人も珍しくない。

もともとアウトレットは「キズ物や売れ残りの商品を割引価格で売る特売店」というのがはじまりで、たしかにとんでもない掘り出し物に出会うことも多い。

しかし、最近は必ずしもそうとは限らない。なかには正規の値段で売られている商品も少なくないからだ。それでも客が押し寄せるのは、彼らの中に「アウトレット＝安い」という先入感が植えつけられているからだ。

そこには、巧みな心理作戦が繰り広げられている。たとえば、店先のウィンドーには3万5000円の上等なセーターが飾ってあるが、一歩中に入れば1万8000円のセーターが並んでいる。ふつうなら1万8000円のセーターは高いと思う人でも、3万5000円のものを見た後なら、「安い、お買い得だ」と感じてしまうだろう。

これはひとつの「アンカリング効果」であり、こんな演出がアウトレットは安いという印象を定着させているのだ。

もともとアンカリング効果とは、船の碇（アンカー）がもとになってできた言葉だ。船が碇を下ろすと、動き回れる範囲はその碇の周辺だけに限られてしまう。

価格のアンカリング効果についても同じで、最初に見たものが基準、つまりアンカーになり、その周辺だけで判断してしまうことをさしている。

　ようするに、本当に高いか安いかはさして問題ではない。それを目の前にした人がそれをどう受け止めるか、どんな印象を持つかによって、買うか買わないかが決まるのだ。

　売る側からすれば、客の感情をうまく動かすことができれば、まんまと買わせることができるというわけである。

「無料体験コース」は、本当に得だといえるのか？

　女性は美に対して貪欲だ。美しくなるためだったら多少の出費はいとわずにエステに行きたいと思っている女性は多い。

　とはいっても、エステサロンの料金はかなり高額なので、二の足を踏んでしまう人も少なくない。そんな女性心理をうまく突いたのが「無料体験コース」である。

　ところが、このコース、無料のはずがかえって高くついてしまうというカラクリが潜んでいる。

　極端な例ではあるが、たとえば、脱毛コースが片足や片方のワキだけ無料というケースだ。片方で満足できる女性はおそらくいないだろうから結局、もう片方もということになってお金を払ってしまったりするのだ。

　じつは、この無料体験という「お試

し」はクセモノで、食品の試食や車の試乗なども同じだが、その目的は消費者に商品のよさを最大限に実感させることにある。

そして、お試しの最中に満足感を味わってしまうと、それを手放したくないという気持ちが生まれてしまうのである。これを「保有効果」という。

エステでも無料体験コースはベテランのエステティシャンが担当することが多く、だからこそ客に十分な満足感を与えられるというわけだ。

「このまま続ければ、もっと美しくなれますよ」などとおだてられれば、つい高額な通常コースに申し込んでしまうといった具合だ。

無料体験コースは、有料コースへと客を導く誘い水なのである。

ダメだとわかっていても宝くじを買い続けてしまうのは？

宝くじの発売時期ともなれば、過去に高額当選が出たといわれる売り場には長蛇の列ができる。当てるためには、ご利益がある神社を詣でたり、ラッキーナンバーの窓口に並ぶなど、ゲンを担いで一攫千金を夢見る人のなんと多いことか。

もちろん、なかには〝幸運〟を手にする人もいるのだろうが、大多数の人は購入額を上回ることすらできない。それでも、懲りもせずにせっせと宝くじを買い続けてしまうのはなぜなのだろうか。

それは「もしかしたら当たるのではっ!?」という淡い期待があるからだ。

何百万分の1とか、何千万分の1とか、ごくわずかな値であることは承知のうえである。その確率がいったいどれくらい正確な数値なのかを知らなくてもかまわないのだ。

じつは、この「ごくわずか」というのがキモで、人間は当たる確率が小さければ小さいほど、その価値を過大評価してしまう傾向があるのだ。

これを専門的には「確率加重関数」と呼ぶ。関数と聞くとなにやら難しそうな気もするが、中身はけっして難解な話ではない。

まず、宝くじとは「当たるか当たらないか」、つまり1かゼロかの話である。あらかじめ当選確率がゼロだとわかっていれば、誰も宝くじを買いはしない。だが実際は、すべての人にゼロ以上、1以下の確率がある。

問題はこの数字の感じ方で、1に近い数字よりもゼロに近い数字、すなわち限りなく低い確率のほうに、より大きな期待をしてしまうというのである。

ちなみに、この境目の数字は0・35だといわれている。つまり、宝くじが当たる確率が0・35以上の場合より、0・35以下のほうが過大評価されるというわけだ。

その時の売り上げにもよるが、一般に年末ジャンボ宝くじの1等の当選確率は0・0000001パーセントで、0・35よりもはるかに低い。これが宝くじをやめられない理由なのである。

カジノで持ち金が全部なくなってもあきらめがつくのはどうして？

日本でも「カジノ構想」は盛り上がっているが、ラスベガスを擁するアメリカやお隣り韓国、そしてマカオなど、公認のカジノがある国や地域は多い。

今のところ自分の国ではできないだけに、そういう場所ではつい散財してしまうのが日本人で、「10万円でやめるつもりが、気づいたらキャッシュカードの限度額までやってしまった」などという経験を持つ人もいるのではないだろうか。

たとえば、軍資金の10万円が15万円に増えたとする。勝負ごとにはビギナーズラックがつきものなので、こういう展開はわりとありがちだ。

その時点で5万円も儲けたことになるが、ここでやめずに、その5万円を次のゲームにつぎ込む。案の定、負けてしまい勝ち分はあえなくパーになるのだが、それでも「まあ、これでプラスマイナスゼロだな」と何となく納得したような気になったりする。

そこで、再び最初の軍資金の10万円をつぎ込むと、今度はすっからかんになる。10万円の損失はふつうに考えればかなり痛いが、どういうわけか「どうせ、もともとあってないようなお金だし」と妙に納得してしまうのだ。

一時的には持ち金は15万円になったのだから、このケースは15万円の損失と考えることもできる。なぜ日常生活で使う15万円は惜しがるのに、カジノでスッた15万円は惜しくないのだろうか。

じつはこれは、「ハウスマネー効果」と呼ばれる一種の心理的傾向で説明がつく。「ハウス」とは賭場を意味する。この効果をわかりやすくいえば、ハウス（カジノ）にいる間は、自分のお金であるにもかかわらず、ハウスのものだと認識してしまうということだ。

特に、最初の軍資金の価値が軽ければ軽いほど陥りやすいようで、たとえば、軍資金10万円で自分の人生が決まるなどという人なら別だが、カジノなどにやってくる人はほとんどが遊びに来ているのである。

そこで使うお金はあくまでも「遊ぶ金」であり、そう決めてしまえば額の大小は問題ではない。儲けたお金を含め、すべて「あぶく銭」と認識されるのだ。

いくらスッても痛くもかゆくもない大富豪ならともかく、ギャンブルで身を持ち崩すようなタイプは、この効果がもたらすワナを思い出してほしい。

レジまわりの「ついで買い」が起きる心のメカニズムとは？

スーパーやコンビニエンスストアなどで、商品を入れたカゴを持ってレジ待ちの列に並んでいる時、何気なく眺めていたレジの前にある商品を思わずカゴに入れてしまった、という経験はないだろうか。

レジに並んでいる買い物客は、買い物が終わってホッとひと安心している。いわば緊張感が緩んでいる状態だ。そんな時だからこそ、お菓子やアクセサリーのような「必ずしも買わなくてもいいけれど、買ってもかまわない」という商品に意識が向いてしまうのである。

だいいち、列に並んでいる間というのは手持ち無沙汰で何もすることがない。すると間近にあるそういう商品をつい、まじまじと見てしまうものだ。

しかも、そういう商品は常に大量に並んでいる。それがいかにも「ひとつくらい買ってもいいか」という、いわば衝動買いに似たような感覚で手を出してしまうのだ。

店はそれを見越して、ひと通り買い物を終えた客の気持ちを計算し尽くしたうえでレジ周りの商品を揃えているわけだ。

新しい「スマホ」が出るとすぐに乗り換えたくなるのはなぜ？

スマートフォンは人気機種の最新モデルが発売されるとなると、それだけで大きな話題になる。最新のスペックがニュースで取り上げられ、発売日前から店頭には早くも行列ができ始める。その光景はまさにお祭り騒ぎである。

もちろん、そんな騒ぎに加わっていなくても最新機種が出るたびに新しいスマホが欲しくなる人は多い。今使っているスマホが1年ほど前に買った最新機種でも、また新しいのが欲しくなるのはなぜなのだろうか。

欲しかったモノを手にした時、人は幸せを感じる。特に長蛇の列に並んでやっと手に入れたとなれば、幸福感は最高潮に達する。まるで、以前から心を寄せていた異性に猛アタックして、やっと結婚が叶ったような気分だ。

だが、その瞬間から「ヘドニック・トレッドミル」という現象が始まる。これは、時間の経過とともに幸福感が薄れてしまい、欲しかったモノを手にしたことにも慣れてしまうという現象だ。これはまさに、結婚生活の倦怠期と同じである。

そうなると、もう一度、あの頃の幸福感を求めて新しいスマホの登場を心待ちにしてしまうのだ。人間の欲望にはキリがないのである。

「あと○円で送料無料」といわれると、一気に財布のヒモがゆるむのは？

通信販売でモノを買うと、どうしても送料がかかってくる。それを客と店のどちらが負担するのかは、購入者にとっては大きな問題だ。

モノにもよるが、一般的に送料といえば３００～５００円くらいはかかる。１０００円の商品を買って、そこにこれだけの送料がプラスされるのなら、自宅の近くにある店で探してみようかという気にもなる。

そんな迷いを一気に払しょくするのが、「あと○○円で送料無料」という文句である。これは商品をカートに入れると、同時に表示される場合が多い。

もし、送料が無料になるまであと５００円だったとしたら、送料を別途支払うよりも何かもう一つ買っておくかという気になるのではないだろうか。

たとえ支払総額は変わらなくても、買えば商品がもう一つ手元に残る。それだけで送料として支払うよりも得した気分になるのである。

消費者にとって送料無料というのはやっぱりうれしい。この「あと○○円で送料無料」という表示は、客の購買欲をつかむ巧妙なマーケティングテクニックなのである。

お店があえて売れなくてもいい高級商品を揃えるワケは？

人間の消費行動について興味深い実験をした人がいる。あるグループにデジタルカメラを買ってもらうのだが、用意したカメラは３万８０００円と７万６０００円の２つで、購入者の選択はほぼ半々に分かれた。

別のグループには、この２つのモデルのほかに、12万８０００円の商品が加えられた。すると、ほとんどの人が７万６０００円の商品を選んだという。

選択肢が２つだった最初のグループでは、購入者の選択はほぼ均等に分かれたのに、選択肢を３つに増やした別グループでは〝中間商品〟に偏ってしまったのだ。

この実験でわかるのは、人間は選択肢が３つ以上あると真ん中を選びたくなるということである。そんな単純な話があるのかと思われるかもしれないが、実際、レストランなどではこの〝法則〟をメニューをつくるうえでのヒントにしているところも少なくない。

たとえば、ランチメニューに１０００円のＡコースと２０００円のＢコースがあり、レストランとしては２０００円のＢコースのほうを売りたいと思っている。

その場合どうするかというと、新たに3000円のCコースを設定するのである。

AかBの二者択一にすると売れ行きは二分されてしまうが、そこに上級クラスのCを加えただけで、中間商品が〝売れ筋〟になるからだ。

見方を変えれば、3つくらいの選択肢は消費者にとっても都合がいいといえる。特に優柔不断な人なら、なおさらだ。

無造作な商品の並べ方に隠された ディスカウントストアの緻密な戦略

食料品から衣類にいたるまで、取り扱っていないものはないというくらい品数の多いのがディスカウントストアだ。しかも、どの商品も通常の値段より安く手に入るとあっていつも混雑している。

そんなディスカウントストアなどで、商品が棚に並べられることなく配送用の段ボールに入れられたままで売られているのを見かけることがある。

無造作に山積みされた段ボールには商品がぎっしりと詰まっているが、そこに手書きのポップが貼られていると不思議と人だかりができていく。そして次々と客の手が伸び、あっという間に完売となってしまうこともある。

いかにも「手間も時間もカットして、余分なコストを抑えています！」といわんばかりの見せ方に、消費者の心はつい引かれてしまうのだ。

このように商品が入っていた段ボールなどの箱をカットしてそのまま陳列するのは、じつは「カットケース陳列」とか「段ボールカット陳列」などと呼ばれ、れっきとした陳列テクニックのひとつなのである。

販売のプロを認定する「販売士」の資格試験にも問題として登場するほどで、業界ではよく使われている手法なのだ。

アメリカのビジネス書の著者であるホール氏によると、一般に消費者は「注意（Attention）→関心（Interest）→欲求（Desire）→記憶（Memory）→行動（Action）」と、5つの段階を経て商品を購入するという。

これはその頭文字をとって「アイドマ（ＡＩＤＭＡ）の法則」と呼ばれているが、この段ボールカット陳列はその最初のステップでもある「注意」と「関心」を持たせるにはもってこいなのだ。

そもそも、ディスカウントストア自体が店の内装にあまり手をかけずにほとんど倉庫そのもの、という雰囲気を出している店が少なくない。これも店全体で「コストをカットしている」という印象を客に与えるための〝演出〟なのだ。

何気ないところにも、売らんがための計算が見え隠れしているのである。

感謝セール、創業祭……そのネーミングの裏側は？

今時、定価で買い物をしたいと思う人はほとんどいないだろう。インターネットで検索しては実売店の値段と比較して1円でも安く買う人は少なくない。

とはいえ、あまりに安すぎても「これには何か裏があるのでは…」と勘ぐってしまうのが消費者心理だ。

ましてや、食の安全が消費者の関心事となっている現在、消費者は一にも二にも安心できる商品を買いたがっている。

そんな私たちが安心して安いものを買えるのが、じつは「○○感謝祭」とか「○○市」などと名づけられたセールである。

たとえば「創業10周年に感謝して○○割引き！」「毎週水曜日は全品1割引きでご提供！」などと、どうして安いのかを消費者に端的にアピールして、値段の正当性をわかってもらうのがこのセールの狙いである。

ようするに、安くなっているワケと数字がひと目でわかれば客の信用を得ることができるのだ。つまりは、何周年記念だろうが何曜日の市だろうが、客を説得することができれば理由は何でもいいのである。

また、プロ野球シーズンが終わる秋に

必ず行われる球団関連のデパートやスーパーでの「優勝感謝セール」や「応援ありがとうセール」などもその代表的な例で、「優勝したから安いんだ」、さらには「セールをやっているうちに買わなければ損だ」という〝魔法〟にかけられてしまうのである。

そして店に足を運べば、大音量で流れるチームの応援歌とド派手なポップ、そして集まっている客の熱気のなか、つい予定外の買い物までしてしまうのだ。

「目玉商品」に透けて見えるお客が知らない〝思惑〟とは?

一般の小売店はいうに及ばず、スーパーでもデパートでも「お買い得品」や「セール品」といった目玉商品はよく並べられている。

チラシにも掲載されるので、こうした目玉商品を目当てに買い物に行くという人も多いだろう。

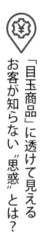

時には、「え? なんで、こんなに安いの!?」と驚いてしまうこともあるが、じつは目玉商品といっても店にとってはたいした儲けにならないという。それならば、なぜ目玉商品を置くのかというと、そこに客を呼び込む巧妙な心理作戦があるのだ。

目玉商品そのものにつられて集客率が上がるのはもちろん、目玉商品を買った客は、ほかの商品もついでに買っていってくれるのである。

　人間は得をしたと感じている時には、特に買う気もなかったものでもつい買ってしまうという習性がある。

　目玉商品を安く買って気持ちにゆとりができた客は、なんとなく懐にも余裕ができたような錯覚に陥ってしまい、それで通常価格の値札のついたほかの商品も買ってしまうというわけだ。いわゆる、衝動買いという消費行動である。

　また、お目当ての商品がほかの店より安かったりすると、この店は安いに違いないと勝手に思い込んでしまう傾向もある。そのため、売り場にあるほかの商品まで手が出てしまうのだ。

　つまり、目玉商品は客にお買い得感をアピールするための戦術だったのである。

赤線で修正して買わせる「割引表示」の心理テクニックとは？

　どんな商品でも割引されればうれしいものだが、赤線を横に引いて値段を変更してある値札はことさら魅力的だ。

　たとえば、10000円が赤い線で消されて5000円になっていたり、それがさらに修正されてもっと安くなっていたりすることもある。

　Tシャツを買いにきたはずなのに、なぜか店を出る時には同じように割引の赤札がついたジャケットも手にしていたなんてこともあるだろう。

　ところで、人はなぜ赤線で修正された値札を見ると思わず買いたくなってしまうのだろうか。ここには、消費者の購買意欲をあおる心理トリックが隠されている。

　値札に定価と割引価格の両方が表示されていると、その比較が一目瞭然になる。すると、客に与えるインパクトが大きくなり、よりいっそう割安感が増すのだ。これを「コスト認知変化説」という。

　消費者の心理は、その商品がいくらかという点ではなく、どれだけ得になっているのかという一点に集中してしまうというわけである。

　もうひとつのトリックが、「相互譲歩説」だ。これは、片方が譲歩すると、相手もそれなりに譲歩するという駆け引きを表したものである。

　赤線での修正は、店側が値段でどれだけ譲歩しているのかを見せることになる。すると、客のほうも「ここまで譲ってもらっているんだから、自分もここで手を打とう」という気分にさせられるのである。

結婚式場の「赤いカーペット」がもたらす心理効果の謎とは？

部屋のインテリアを考えるうえで、カ

ーペットやカーテンの色は部屋全体の印象をガラリと変える重要なアイテムのひとつだ。そんなカーペットの色といえば、よく映画祭や授賞式の式典、また結婚式場で使われている「赤」である。

赤はおめでたい色とされているが、やはり縁起がいい場所だけに赤色のものを使っているのだろうか。じつは、理由はそれだけではないのだ。

たとえば、大安の休日に結婚式を挙げようものなら、招待客も合わせるとかなりの人数が出入りすることになる。そんな忙しい日だからこそ赤が効果的なのだ。

色彩心理学では、赤には時間を長く感じさせる効果がある。赤く彩られたカーペットを歩いていると、実際は短い距離でも長く歩いているように感じるのだ。

分刻みのスケジュールで新郎新婦がどんなにせかされていたとしても、不思議とゆったりとした気分にさせてくれるのである。

ちなみに色の効果といえば、白と黒では同じ重さのものでも黒のほうが重く感じるという。いわれてみれば、結婚式場で引き出物を入れるのに使われる紙袋は大きな袋ほど白っぽく、反対にやや小ぶりな袋は濃い色のついたものが多い。

重すぎても困るが、軽すぎても物足りない…、そんな心遣いを考えた色合いなのだ。

「器」を変えて中身を多く見せるラーメン店の裏ルールとは？

ラーメン店に入って注文したラーメンが運ばれてきたとしよう。ドンブリにスープも具もあふれんばかりに入っているのを見ると、思わず口元が緩んでしまうものだ。しかしこれは店の演出で、微妙に小さめの器を使っているからなのかもしれないのだ。

この時、客は実際のラーメンの量ではなく、ラーメンと器との割合を比較して判断していることになる。同じ量でも小さめの器なら120パーセントくらいは入っているように見えるが、大きめの器なら8割しか入っていないように感じるという具合である。

このように、人は実際の数値よりもその周辺にあるほかの要素と比較して、その「割合」でよくも悪くも判断してしまうことが多い。

ちなみに、このことを逆手にとった賢いダイエット方法もある。ご飯茶わんを少し小さめのサイズのものと取り換えるのだ。小さな茶碗なら、今までよりご飯の量を少なくしたところで、見た目には〝ふつう盛り〟で、うまくすれば〝山盛り〟にすら見える。

これなら無理なく炭水化物の量を減らすことができるはずだ。

100円ショップの人気を左右する陳列法「プロノグラム」って何？

数が足りているものや不要なものにはたとえ100円であっても無用なおカネを出さない、という人は少なくない。

しかし100円ショップでは、そんな客の「ついで買い」を誘うような工夫をしている。その秘密は、商品の陳列法にある。プラノグラム（棚割り計画）といわれる通り、棚ごとに陳列が考えられているのだ。

簡単にいえば、棚ごとに関連商品が並べられ、さらにその棚同士でもつながりのある商品が並べられているのである。

たとえば、タオルの横には石鹸や洗面具が並べられ、さらにシャンプーやリンスが置かれている。そして、風呂から思いつく関連商品、たとえば洗濯バサミや洗濯用の洗剤などが並んでいる。

それらはふつう、風呂場の近くにあるものだ。キッチン用品でいえば、箸の横に茶碗や皿があり、洗剤やゴム手袋、まな板、包丁などが並んでいるといった具合だ。

そして、ここで大切なポイントがある。それは色を揃えるのである。

実際、100円ショップに行ってみると、多くの商品でいろいろな色を揃えていることに気づく。ブルー、グリーン、イエロー、ピンクなどが主流だが、これほど揃うと売り場も華やかに見えるし、１００円の商品がとても魅力的に見えるのだ。

「色を揃えればきれいだろうな」という思いをたった１００円の出費で実現できるわけで、こうして「ついで買い」をさせられるのだ。

「照明ひとつで客足が大きく変わる」ってどこまで本当？

人間は誰でも真っ暗闇なところよりは、明るい場所にいるほうが安心するものだ。

たとえば、夜道を歩いていて、用もないのに煌々《こうこう》と明かりがついているコンビニエンスストアに吸い寄せられてしまった経験は誰にでもあるはずだ。

一般に、人間が明るいと感じる数値は約５００～１０００ルクスといわれている。ルクスとは「照度」のことで、光が当たる面積に対する明るさの度合いである。

ちなみに、１０００ルクスは6畳の部屋で70ワット前後の蛍光灯をつけた場合に相当する。だが、照らす環境や周囲の明るさでも変わるので、同じ光量でも部屋の中と夜道では照度は異なってくる。

ここで、ホームセンターや大型電気店をちょっと思い浮かべてみてほしい。フロアの一番奥は照明器具のコーナーだったりはしないだろうか。これは、いうまでもなく照明器具を販売するのと同時に、客をフロアの奥へと導く〝役割〟があるのだ。

売り物の照明器具の明かりをすべてつけっぱなしにすることで、フロアは飛躍的に明るくなる。奥行き感も増すうえに、フロア全体の見通しもよくなり、商品がより際立って見えるのだ。

理想の店内の明るさは、入口と主要通路、そしてフロアの奥で1000ルクスは必要だという。さらに、主力商品やディスプレイステージにスポット照明が備わっていれば、客は安心して買い物ができるうえ、売り上げも伸びるというわけである。

なぜ人は「売れ筋商品」を買ってしまうのか？

いろいろな店で、「今週の売れ筋ランキング」とか「今、これが人気です」などという表示を見かけたことがあるだろう。

たとえば、書店の売れ行きランキングだが、本棚にも平台にも膨大な書籍が並んでいて、どれを買おうか迷ってしまうものだ。だからといって、1冊1冊を手に取って中身を確認するのも面倒だ。そんな時にランキングが店内にあると本を選ぶ手がかりになる。

このようなランキングは、読者の利便性を考えたサービスではあるのだが、じつは消費者の「同調性」という心理を巧みに突いた販売テクニックのひとつともいえる。

政界の派閥力学ではないが、人間は少数派に属していると不安になり、多数派に属していると安心する傾向がある。そして、大勢の人が支持しているならきっと正しいという考えから多数派に同調しようとするのだ。

ランキングは多数派の意見の象徴である。そこで、「みんなが買っている＝いいモノ」に違いないと思い込み、つい自分も買わなくてはという気持ちになってしまうのである。

フリーマーケットで飛ぶように売れる「並べ方」のルールとは？

週末ごとに全国の公園や駐車場などで開催されているフリーマーケットはアマチュアが出店するケースがほとんどだが、それでも常に人だかりがある店と商品が売れ残ってしまう店がある。果たしてその差はどこにあるのだろうか。

フリーマーケットでよく見かけるのが、割り当てられた自分のスペースにぎっしりと商品を並べている〝店〟だ。

売るほうとしてはひとつでも多く売ってしまってできれば持ち帰りたくないわ

けだから、持ってきた商品はとにかく片っ端から並べてしまおうというわけだ。

　しかし、そういった店は商品が多すぎるので、客としては欲しい商品を探すのに苦労する。そのため、逆に購買意欲が下がってしまうことになる。

　一方で、客が立ち止まりやすい店では陳列に工夫がされている。商品と商品の間にはほどよくすき間がとってあったり、シャツやジャケットなどはハンガーラックに吊り下げるなどして少しでも見やすいように並べられているのだ。

　ゴチャゴチャと煩雑になっていないために商品を手に取りやすく、遠くからでもそれがどんな商品かすぐわかる。ようするに、ゆとりをもって並べられているほうが値段以上に客の目には高価に映るというわけである。

　だからといって商品が少なすぎる店には客は集まらない。あまりにも少ないと「ほかの客が買わなかった売れ残り」という印象を持たれてしまうからだ。

　フリーマーケットといえども、ほかの人が買わない店では自分も買いたくないのである。

なぜあのお店のスタンプカードは、最初から2個押されているのか？

「1回ご利用ごとにスタンプを1つ差し上げます。全部たまったら、お好きなドリンクを1杯無料サービス！」などというスタンプカードを取り入れている店は多い。

これは、うちの店を継続的に利用すればお得ですよという、いわば客の〝囲い込み作戦〟のひとつである。

このスタンプカードも今では多くの店が採用しているので、よほどのお得感がなければあまり効果はないのだが、ちょっとした工夫で客のスタンプを集めようという気持ちを刺激する方法がある。それが〝スタンプサービスのサービス〟だ。

たとえば、A店のカードにはスタンプを押すマスが8個、B店は10個あるとしよう。ただし、B店のカードには最初から2個スタンプが押してある。さて、どちらの店のスタンプカードの利用率が高いだろうか。

正解はB店のほうである。

まだ1つもスタンプが押していないまっさらな状態のカードだと「あと10個集めなくてはならない」と感じるが、すでに2つ押してあると「あと8つ集めればいい」という気分になり、使ってみようかという気になるのだ。

「品揃えがよいお店ほどよく売れる」のウソとは？

品ぞろえの少ない店よりは、より多くの商品が陳列されている店のほうが、ちょっとのぞいてみようかなという気になるものだ。実際、いろいろな種類の商品がそろっている店のほうが客足は断然多い。

だが、その客足の多さが必ずしも売り上げに結びついているとは限らない。こんな興味深い実験がある。

あるスーパーマーケットに、24種類のジャムを並べた棚と、6種類だけのジャムを置いた棚をつくったところ、24種類が並ぶ棚のほうでは客の60パーセントが足を止めた。一方、6種類だけのほうは40パーセントだった。

ところが、24種類の棚から実際にジャムを購入したのはわずか3パーセントに過ぎず、6種類のほうからは30パーセントの客がジャムを購入したのだ。

つまり、多くの品ぞろえがあると客を立ち止まらせることはできるが、購入にはなかなか結びつかないということだ。逆に、選択肢が絞られているほうが迷わないぶん購入に結びつくのである。

劇的な、いまだかつてない…なぜ人は「形容詞」に弱いのか？

テレビのショッピング番組では、「劇的な」とか「信じられないほど」、「いまだかつてない」などと大げさな表現でこれでもかと商品をアピールするものだ。

そんな売り文句に、はじめこそ「そん

な大げさな…」と思っていても、見ているうちにだんだんと欲しくなり、実際に購入して使ってみると「番組のプレゼンターが言っていた通りだ！」と納得してしまうことがある。

　これは「プラシーボ効果」が働いているからだ。プラシーボ効果とは薬理作用のない偽薬を「効き目の高い薬」と偽って患者に飲ませると、本当に病状が回復するといった効果のことをいう。

　マーケティングにおけるプラシーボ効果も同じように、「これさえあれば、家中が劇的にキレイになる！」というセリフを刷り込まれて購入すると、「本当に快適にキレイになった」と実感できるという効果が期待されるのだ。

　ちなみに偽薬の場合は、薬を手渡すのが患者にとって信頼できる医者であればプラシーボ効果はより表れやすくなる。だから、商品の愛用者にも有名タレントが起用されることが多いのである。

つい中に入りたくなる店の「暖簾」はどこが違う？

　包み隠さず丸見えにされるよりも、チラッと少しだけ見せられるほうがかえってドキドキする…というのは、けっして男の下心だけの話ではない。

　そんなもののひとつに、暖簾がある。暖簾というのは店によっては、その店の伝統や格式を表すものであり、「暖簾わけ」という言葉もあるように、いわばステイタスの象徴だ。暖簾には伝統に裏打ちされた格式が込められているのである。

しかし、それだけではない。暖簾は、その構造上、店の中を隠している。といっても、完全に〝目隠し〟をしているわけではない。

ちょっと風に揺れれば店内が少しだけ見える。風が吹かなくても、暖簾の隙間からわずかに店の中が見えるのだ。

これぞ、まさにチラリズムの〝罠〟である。当然、「もっと見てみたい」という願望がかきたてられる。「ああ、見たい。ならば、いっそのこと入ってしまおう」というわけで、人は暖簾をくぐるわけである。

暖簾は、そんな人間心理をうまく刺激しているものなのだ。

新しいビジネスのキーワードは、「自宅でやる」!?

日本ではこれまで家庭の「外」でサービスを提供するビジネスが急激に伸びてきた。外食産業はいうまでもないし、昔は自宅で執り行っていた葬儀を葬儀式場でするようになったのもそのひとつだろう。

マンションや狭小住宅が増えて昔とは

住宅事情が異なってきたこともあり、今では寺院や寺院が持つ葬儀式場、民間の葬儀社が運営する専門のセレモニーホールなどで葬儀を執り行うことのほうが当たり前になっている。

ところが、最近ではその流れが変わってきている。先祖返りではないが、昔のように自宅で葬儀をする「自宅葬」が注目されてきているのだ。

民間や公営の葬儀場だと同じ日に何件も葬儀があるので自分の都合で行えない、慣れ親しんだ自宅で身近な人たちだけでシンプルな葬儀をしたい、葬儀式場を借りると費用がかさむので費用を抑えるためにも自宅で小規模な葬儀を行いたい…という要望が増えてきたことに対応する流れで、日本では初となる自宅葬専門の葬儀社も誕生している。

費用面もわかりやすい。宗教的な儀式をせずに火葬のみのシンプルプランなら12万円から、家族や親族で仏式や神式、キリスト教式などの宗教儀式を執り行うスタンダードプランが40万円から60万円などだが、業者によってまちまちだ。

自分の最期を自分でプロデュースする「終活」で、あらかじめ費用面も含めて自分の葬儀をどのようにしたいか決めておく人も増えているので、今後もビジネスとして伸びていく分野になると考えられる。

同じように、結婚式を自宅で行うマイホームウェディングが注目されている。結婚式も昔は自宅の広間などで親戚を呼んで執り行っていたのが、今ではホテルや結婚式場でのウェディングが主流になっている。

それが最近では自分たちらしい結婚式を自宅で行いたいというカップルが増えていて、自宅での挙式・披露宴をプロデュースする会社もある。

葬儀も結婚式もシンプルで少人数、自分たちらしいスタイルを望む声が増加していることで外から家の中へとニーズが変化し、そこにいち早く取り組んだ企業が注目を浴びているのである。

高く売ることができる！おいしい「付加価値」のつけ方

競合他社との値下げ競争から脱却し「これは質のいいモノだし、サービスも一級品だから、それなりの値段で売ります」と言いたいところだが、値上げすると客足が減って売上げが下がってしまうと二の足を踏む企業は多いだろう。

では、「この商品なら他社より高額でも買いたい！」と思ってもらうにはどうしたらいいのだろうか。

重要なカギになるのは「付加価値」をつけることである。

たとえば、イチゴはさまざまなブラン

ドが登場しており、どんどん高級化が進んでいる。なかには、1粒1万円という超高額なイチゴもある。

この1万円のイチゴは1粒のサイズが通常のイチゴよりも特大で、甘さや見た目、品質も最高級だ。話題性があるのでセレブが贈り物に利用するなど、最高級で高額だからこそニーズがある。

スーパーでは1パック500円程度で売っているイチゴだが、付加価値がつくことで消費者は高額でも納得して購入してくれるのである。

同じように、地域ブランドとしての付加価値をつけて成功しているのが愛媛県の今治タオルである。以前は、今治（いまばり）という地名を読めない人も多かったという。今治では昔から上質のタオルを製造していたが、生産量は下がり続けていたのである。

そこで、この地域のタオルの特徴である白さや品質の高さを全面的に押し出し、世界に通用する地域ブランドにしようとプロジェクトが開始されたのだ。

これが見事に的中した。地域ブランドとして発足した時には今治タオル工業組合に加盟しているのはわずか3社だけだったが、今では100社以上が加盟し、高品質なタオルの代名詞になっている。

原価が同じ商品でも、購買意欲をくすぐるような〝価値〟をプラスすることで、消費者は高額な商品を納得して手に取ってくれるのである。

「顧客データ」を宝の持ち腐れにしないたったひとつの方法

消費者と直接取引を行うような業種では顧客情報を収集しやすいため、気がつけば膨大なデータを保有していることもある。

しかし、せっかく手に入れた顧客データをしっかりと分析し、その結果をマーケティングやキャンペーンなどに活かせなければ宝の持ち腐れになってしまう。

たとえば、あるスイミングスクールを運営する企業の場合、スクール生のデータを大量に持っているにもかかわらず、うまく活用できずに眠らせたままになっていた。

そのうち、少子化の影響もあって生徒はだんだんと減少し、2億円以上あった売上げは落ち続けて、やがて2億円を切るまでに落ち込んだ。経常利益も赤字になる年が続いてしまったという。

スタッフを総動員して子どもがいそうな家庭を1軒1軒回って飛び込み営業をしたが、慣れない営業活動にスタッフは疲弊困憊したという。しかも、そんな労力をかけてもなかなか入会してもらえず、営業戦略の効率の悪さを改めて露呈したのである。

そこで視点を変えて、改めて保有しているスクール生のデータを分析すると、幼稚園や保育園を通して入会した子どもたちが多いことが判明した。

ここがチャンスだと営業スタイルを転換し、周辺の幼稚園や保育園へのチラシ配布をメインにしての獲得を目指したという。

幼稚園内で誰かひとりが入会すれば、その友達の親も「あの子が習うならうちの子も」と一緒に入会するケースも少なくない。結果として効率よく入会者を増やすことに成功したのである。

さらに、顧客データをより細かく分析してみると、卒園と同時にスイミングスクールを退会する子どもが多いこともわかり、小学校に入学してからも継続してもらえるような工夫やイベントを実施したという。

すると、これがまた功を奏して継続率がグンとアップし、新規開拓をするよりも少ない労力で売上げを向上させることにもつながったのだ。

顧客データを徹底的に活用した戦略的なアプローチに変更したことで、業績は一気に回復して売上げも再び2億円を超えるまでになったそうだ。

また、この事例のように顧客データを分析してピンポイントで営業していくと、不特定多数の人を勧誘するために大々的な広告を打つ必要がなくなってくる。無駄な広告宣伝費を削減でき、経営戦略も根底から変えることができるのである。

会社の中で価値のある情報が眠ったままになっていないかどうか、手持ちのデータを改めて見直して分析してみると意外な売上げ向上のタネがあったりするものだ。

取引先の無理難題を受ける会社と断る会社の10年後は？

顧客の要望やニーズに応えるのは企業として必要なことだ。だが、ビジネスとは難しいもので、顧客の要求に応じ過ぎても経営がうまくいかないことがある。時にはあえて断るほうが、会社にとってプラスに働く場合もあるのだ。

そのいい例として挙げられるのが、ある運送会社のケースである。ご存知のとおり、物流業界はドライバー不足や競合他社との不当な価格競争が続き、苦しい状況下に置かれている。

この運送会社も顧客から「他社ではもっと安い料金で引き受けてくれる」と言われ、値引きせざるを得ない取引が続いていた。しかし、それでは採算が合わず、業績が上がるどころか経営は悪化の一途をたどってしまったのである。

このまま赤字覚悟の仕事ばかりを引き受け続ければ、ドライバーの意欲も下がって仕事も雑になる。挙句には、会社も経営の危機に瀕してしまうかもしれない……。

そこでこの運送会社では意を決し、本来の正当な値段での見積もりをやり直してみた。「もっと安くしろ」と無謀な要求をする顧客に対しては、「仕事の質を保つためには、これ以上の値下げはできません」とはっきりと断ったのである。

これにより一時的に運賃が安い運送会社に流れてしまった顧客もいたが、やがて「安いところは仕事の質が悪い。やはり少し高くても御社に頼みたい」と戻ってくる顧客も多かったという。

結果として、正当な料金を取るぶん、しっかりとした仕事をする運送会社として顧客から信頼を得ることになり、健全な経営を行うことで業績も回復していったのである。

似たような決断を大手の宅配業者も下している。

この宅配業者はインターネット通販大手から個人宅への配送サービスを引き受けていたが、この取引から撤退したのだ。時間指定などサービスの要求が高い一方で、その対価はきわめて低かったからだ。

そもそもこの宅配業者は、企業間取引が得意分野だった。それが個人への宅配を引き受けてしまったことで配達員の数が足りなくなり、下請けを起用して足りない分を補うなどしていたのである。

　こうなると取引数量が増えた分だけ外注費が増えることになる。そこで更なる値引きを要求されたら、それこそ〝体力〟が続かないということで撤退を決意したのだ。現在では同社の原点である企業間物流に注力している。

　顧客の無理難題に振り回されず、自社の強みや信念をもとに、時には断る勇気を持つことが企業の生き残りにつながるのである。

社会貢献とビジネスを両立させるシンプルな方法

まだ食べられる食品を廃棄してしまう食品ロスを減らそうと、自治体や小売業界などで取り組みが行われて久しいが、成果が出ているのかどうかは正直、消費者にはわかりづらい。

　そんななか、兵庫県のあるスーパーマーケットがつくった「恵方巻の大量廃棄をもうやめにしよう」と訴えるチラシがSNSで拡散されて話題になったことがある。

　売上げのために過剰に商品をつくったり、仕入れたりして、売れ残れば破棄する。そんな、今の世の中で〝当たり前〟とされているやり方に疑問を抱き、必要以上の数はつくらないと宣言したのだ。

　その取り組みに対してネット上では驚

くほどの絶賛の声が上がり、店には多くの取材も舞い込んだ。儲けよりも世の中を変えたい。そんな情熱が思わぬ宣伝効果を生んだという好例だ。

そして、この話題から改めて浮き彫りになったのは、世の中の問題を解決するために行動したい、社会貢献したいという欲求が誰にもあるということだ。

実際、これまで企業や団体が取り組んできた社会貢献活動は、消費者の協力を得て成果を上げている。

たとえば、ミネラルウォーターのメーカーが、売上げ代金の一部をプールしてアフリカに住む人々に清潔で安全な水を供給するキャンペーンを世界9カ国で行ったり、ファストファッションメーカーでは着なくなった同社の服をリサイクル、リユースして世界中の難民に届ける取り組みを続けている。

また、先進国の肥満と開発途上国の飢餓問題を同時に解決するユニークな取り組みを行っているNPOがあり、そこには多くの企業や大学が参加している。

社員食堂でこの取り組みの対象になっているメニューを注文すると、1食につき20円が開発途上国の子どもたちの学校給食にあてられるというシステムだ。

これらの取り組みが成功しているのは、仕組みがシンプルで、誰でも気軽に参加できるという点だ。人の善意を巻き込めば、ビジネスにも社会問題にも大きく貢献できるのである。

「ゆっくり走るタクシー」にみる〝常識逆転〟の法則

タクシー料金は、基本的には「初乗り運賃＋距離」で計算されているが、渋滞や信号待ちなどで時速が10キロメートル以下になると距離ではなく時間での加算になる。

だから、複数台のタクシーを使って同じ距離を移動すると、赤信号に引っかかったタクシーだけ料金が高くなることもある。

だからなのか、混雑していない道路ではタクシーの運転手はキビキビと運転するし、できるだけ赤信号で止まらないように交差点に滑り込んでいく。

素早く、しかもできるだけ低料金で客を目的地に運ぶのが、一般的なタクシー会社が考える最大のサービスといったところだろう。

しかし、なかにはそんな常識を覆すサービスを展開する一風変わったタクシー会社がある。それは、客の要望に合わせてゆっくりと運転するというものだ。

タクシーに乗るのは、何も急いでいる時ばかりではない。体調が悪い時もあれば、小さな子どもを連れていることもある。妊婦や高齢者が利用することも少なくない。スピードを上げて走られると緊張したり、怖いと感じる人もいるだろう。

そんな、ゆっくりと安全に運転してほしい客が、その意思を運転手に簡単に告げられるように、車内には「ゆっくりボタン」なるものが設けられている。これを押すと、運転手はゆっくりとより安全に運転してくれるのだ。

とにかく穏やかに、スピードを出さないで走るので乗り心地も悪くない。評判が評判を呼んで利用者にはすこぶる好評だという。

しかも、この〝ゆっくりタクシー〟はエコドライブにもつながる。急な発信や急加速、停車をする時もガクンとならないので燃料の節約にもなるし、排ガスも少なくなるというものだ。

これからのタクシーは市民の側に立っていろいろなサービスが期待できそうだ。

なぜ「試食テスト」の評価と実際の売れ行きは大きく違うのか？

食品メーカーや飲料メーカーでは、新商品の開発のために消費者に対して試食や試飲のテストを頻繁に行っている。企業が参加者を募っている無料サンプリングやモニターテストの情報ばかりを集めて紹介しているウェブサイトもあるほどだ。

しかし企業側では、わざわざ費用をか

けて行う調査にもかかわらず、一般向けのテストによって収集したデータはじつは参考程度にしか扱っていないという。

その理由は、そういったモニターなどに参加した人はあたかも自分の舌やセンスを試されているような気分になってしまい、答えにも自然と力が入る。その結果として、ふだん自分が好むものより強い香りや濃い味、派手なデザインのものを選んでしまう傾向があるためだ。

生理心理学の世界ではこうした状態を「ヤーキーズ・ドットソンの法則」と呼んでいる。

これはアメリカの心理学者であるロバート・ヤーキーズとJ・D・ドットソンが発見した法則で、人間の活動には最適な興奮状態があり、緊張したり力みすぎていてはしかるべきパフォーマンスを発揮することができないというものだ。

ようするに、「一般モニター募集」と大きく宣伝していても、それは商品プロモーションの意味合いのほうが強いのである。

銀行の入っているビルは客商売には向かない!?

念願がかなって自分の店が出せるようになったら、まず、最初にやるべきことは出店をどこにするかだ。じつは、店を出すビルの選び方には法則がある。

たとえば、1階にパチンコ店や銀行が入っていたら、そこがいくら駅前でも店を出すのは敬遠したほうがいいかもしれない。反対にコンビニや薬局・薬店が入居しているのなら、少しぐらい駅から離れていてもそれほど問題はない。

なぜかというと、1階にパチンコ店が入っている場合はまず音がうるさい。女性客や高齢者なら足が遠のいてしまうことになる。

その点、銀行は問題がないように思うかもしれないが、これがまたそのビルをおかたいイメージにしてしまうのだ。

何しろ、銀行は午後3時を過ぎるとシャッターを下ろしてしまう。これではビル全体に活気がなくなってしまい、客は他の店まで閉店してしまったような錯覚を覚えてしまうのだ。

これと正反対なのが、コンビニやドラッグストアだ。営業時間も長いし女性客や家族連れも多く訪れる。しかも用事もないのにぶらっと店に立ち寄る客までいるので立地としては合格点だろう。

また、コンビニが出店しているということは、その場所が集客力があるかどうか事前にリサーチされていることになる。そこが好立地であることを半ば保証しているようなものなのである。

Step3
９割の人が見落としている
貯め方、使い方

「自腹を切る」の本当の意味を知っていますか

ある女性の話だが、尊敬できる男性に告白されて初めてのデートに行った。エスコートはスマートだし、知識が豊富で会話も楽しい。ところが、食事を終えて店を出るときになって、チェックを店員に頼んだ彼が当たり前のようにこう言ったという。

「領収証ください。宛名は書かないで」

これを聞いて彼女は、それまで盛り上がっていた気持ちが一気に醒めてしまったのだという。

このエピソードを聞いて「え？　何が問題？」と思う人は、自分の価値観を見つめ直したほうがいい。このままだと、デートの支払いすら自腹を切らないセコイ男だと思われてしまう。

タクシー代や飲食費など、プライベートで使ったお金をこっそり会社に経費として請求する人がたまにいる。

たしかに給料が決まっているサラリーマンなどは、こうした小金を得ることでささやかな喜びを感じるのかもしれないが、お金持ちになりたいのならこの手のごまかしは今すぐやめたほうがいい。

「自腹を切る」とは、読んで字のごとく自分の懐を痛めるということだ。

たとえば英会話を勉強しようとしたとき、タダでもらった教材と自分でお金を出して買った教材ではやはり重みが違う。無駄にしないで知識を吸収しようと、より頑張れるのは後者のほうだろう。

出費をおさえるのは悪いことではないが、損をしないことばかりを考えていると、いつの間にかそれが自分のテーマになり、すべての物事を損得勘定で判断してしまいがちだ。

だから、大事な女性との食事でも平気で領収証をもらったりすることに、何のためらいも持たなくなってしまうのである。

それを脱するには、むしろ「損して得取れ」を心がけるしかない。物事には身銭を切ってこそ、大きな得となって、最終的に自分に還ってくるケースもたくさんあるのだ。

お店から「上客」と呼ばれる人は何が違うか

デパートの外商サロンの前を通るたびに、「こういうところで買い物ができるようになりたい」と羨望のまなざしで見てしまうことはないだろうか。

でも、現実は年に2回のバーゲンで洋服を買い、ポイントカードをコツコツと貯めるのが関の山。これではとても上客にはなれそうもない。

車を買うにしても、決算期などにディーラーに行き「他社の同クラスの車と迷っているんですが、こちらはどのくらい値引きしてもらえます？　オプションは？」などと駆け引きして、1円でもまけさせようとする。

こうした客は店にとっては「あまりいい客ではない」というのが本音だろう。さして常連というわけでもなく、ただ安い時期を狙って来店し、値引きを要求した挙句に「オプションもつけて」と言いたい放題の客が多いからだ。

もちろん、すべてのお客様は神様という考え方の営業マンも多いが、上客あるいは得意客と呼ばれるのは、「店にとってうまみがある客」である。

しかし、それでは店が儲かるだけで客が損をするのではと思うかもしれないが、得意客になることは客側にとってもメリットがある。

たとえば、他の客には公表していない新しい製品の情報をくれたり、何かトラブルがあったときの対処を優先させてくれたり……お金に換えがたいリターンがあるのだ。

デパートでもディーラーでも飲食店でもどこでもいいが、お金持ちを目指すならどこか1カ所「上客」と呼ばれる店を持ちたい。自分の〝得〟と同じように店の利益も考え、何度でも足を運ぶ。上客になれば、人間的なつながりも構築され、きっと今後に役立つはずだ。

「顕示的支出」と「非顕示的支出」の違いを知る

「これを持っていたら、みんな驚くだろうな」。

それだけの理由で、何かを買うことはないだろうか。ここまではっきりとは自覚をしていなくても、人は見せびらかしたいために買い物をしてしまいがちだ。

自分自身が欲しいかどうかよりも、他人に見せびらかしたい欲求を満たすために買い物をすることを「顕示的支出」という。これに対して、自分自身のためにする買い物は「非顕示的支出」だ。

この両者の大きな違いは、メリットがあるかどうかである。顕示的支出には、人に見せて感心されたり驚かれたりしたときの自己満足はあるが、それ以外にはほとんどメリットがない。

服や靴には無頓着なのに、バッグだけは給料に見合わない高級ブランド品を持ち、友人に自慢するというのはまさに顕示的支出である。

企業などでも、たとえば必要もないのに社長が高価な外車に乗っている、玄関前に創業者の銅像を建てる、といったことの多くは顕示的支出といえる。

いうまでもなく、実質的なメリットがない支出である以上、これは真っ先に切り詰めるべきである。

ものを買うときには、財布を開く前にこれは自分にとって本当に必要か、それとも単に友達に自慢したいだけなのかを冷静に判断したい。あくまでも非顕示的支出だけにこだわることが、お金を無駄にしないことになる。

結局のところマイホームが得か、賃貸が得か？

いつの日かマイホームを持ちたいと願う人は多い。子どもが幼稚園や小学校に入る年代になると、とくにその思いも強くなる。転校をしなくていいように節目の時期を狙って、と考えるからだろう。

また、毎月の家賃がもったいないから買ってしまいたいという声もよく聞く。とはいえ、簡単には手が出ない値段であるのも事実だ。

「マイホームが得か、賃貸が得か？」という問題は、誰もが頭を悩ます永遠のテーマでもある。

たしかに、いくら家賃を払っても自分のものにはならない賃貸より、何十年かローンを組んででも自分の持ち家になるマイホームのほうが得なようにも見える。ただ、「家は買うべきもの」という固定観念にとらわれすぎないほうがいいようだ。

高度経済成長時代を過ごしてきた世代にとっては、家を買うのは当たり前のことだった。ただし、これは給料が問題なく右肩上がりだったころの話だ。先行きが不透明な経済状況を抱える現在では、同じようなわけにはいかないだろう。

リストラや賃金カットなど、他人事ではない時代だ。将来に不安があるならば、無理なローンを組んでまで家を買うべきかどうかはよく考えたほうがいい。

また、高度成長期の時代は兄弟も多く、どうしても自立する必要もあった。それに引き換え、今では兄弟の数も少ないため、親の家を相続できる確率も高い。もし、自分が相続できる可能性があるのであれば、それまでは賃貸に住むという選択肢もある。

家は一生のうちで一番大きな買い物だといわれる。それだけに、購入のリスクやメリットを十分に見極めることが大切だ。

もちろん、きちんとした資金計画を立ててマイホームを購入すべきだ。ただし、くれぐれも「低金利なので、今が買い時」という甘いキャッチフレーズに惑わされないようにしたい。

投資のプロ「マネーコンサルタント」の賢い使い方

ファイナンシャル・プランナーと呼ばれる人たちや、証券会社や生命保険会社、投資信託などにいるマネーコンサルタント。

投資を始めるといっても初心者にはわからないことも多い。いきなり投資をしようとしても右往左往するだけなので、こういったコンサルタントに相談すること自体は問題ない。しかし、自分が投資しようとしている金額までは明かしてしまわないほうがいい。

というのも、金額を聞けば、彼らはその金額いっぱいまでの商品をすすめるにちがいないからだ。

だが、たとえその商品が自分の希望にあったものだとしても、手数料まで考えると、いくつかの商品に分散して購入したほうがお得なこともある。

それに、金額を伝えてしまうと、その金額すべてを使わなければいけないような気持ちに陥る。自分のお金は自分のもの。いくらすすめられても投資する金額は自分で決めることが肝心である。

たとえば、証券会社や投資信託とかかわりのあるコンサルタントだと、どうしても自社に利益のある商品をすすめがちだ。セールストークに乗せられて、納得できない商品を買わないようにしたい。

相談だけして、商品を買わないのは気が引けると思う人もいるかもしれないが、最初にアドバイスを受けにきた旨をきちんと伝えて、それに対する報酬を支払えば十分なのである。

「決めるのはあくまでも自分」という気持ちを忘れないように。

「自分にとっての贅沢」を知るといいお金の使い方ができる

生真面目な家庭に育った人のなかには、子どものころから「贅沢は敵」だと教えられ、倹約の美徳が染みついている人もいるかもしれない。

とはいえ、贅沢は必ずしも「敵」ではない。やはり、お金は一生つき合っていくものだから、たまには必要経費以外のもの、たとえば嗜好品などに思い切って使ってみたほうがいいこともある。

最近は「車離れ」とか「旅離れ」「ビール離れ」などがよく伝えられるように、

ひと昔前までなら若者が飛びついたようなものが低迷しているという。たしかに、そういう世代に趣味や嗜好品、やりたいことを聞くと「特にない」という返事が返ってきたりする。

自分にとっての贅沢なお金の使い方を知るには、まず嫌いなものを考えてみるといい。そして、その逆のことをしてみるのである。

たとえば、「旅行に出かけて混雑している観光地をあくせく回るのが嫌い」という人は、いつもよりワンランク上のホテルに宿泊し、ひたすらホテルライフを楽しんでみる。

または、「毎日ぎゅうぎゅう詰めの満員電車で通勤するのがうんざり」というなら、ときには奮発してグリーン車を利用する。たったこれだけでも贅沢な気持ちは十分に味わえるはずだ。

では、なぜこうした贅沢が必要なのかというと、お金を何に使いたいかを自分で把握する練習になるからだ。

自分にとって贅沢なことがわかれば、それをするためにお金を稼ごうという意欲

「こんなものにはお金を使いたくない！」リスト

★「使いたくない」と思うお金の使い道を書き出してみよう。

も湧く。

自分の目的や願望にどのようにお金を使うかを学習しておかなければ、お金を活かすことも増やすこともできなくなってしまう。

根っからの貧乏性ではお金持ちとして大成しない。たとえば、本当はビール好きなのに、いつも発泡酒ばかりを飲んでいるなら、2回に1回はビールを買う。まずは、こんなささやかなことから始めてみてもいいだろう。

「モノを置くスペース」もお金に換算して考える

洋服でも雑誌でも「捨てられない」という人はけっこう多い。きっともう袖を通さないし、読み返さないこともわかっているのに処分できない。その理由はただひとつ「もったいない」からだ。

だいぶ前のことだが、ケニアの環境保護活動家が感銘を受けたとして、世界的環境問題のキーワードになった「もったいない」という言葉。これはどうやら日本以外の国にはない固有の概念のようで、昨今叫ばれているエコロジーの観点から見ても、とても意味深い。

しかし、それと捨てられないこととは別問題だ。

たしかに、まだまだ使えるものがゴミになるのは心が傷むが、モノを溜め込むことが日常生活に支障をきたすようであれば何の意味もなさない。

たとえば、３ＤＫで月々12万円の賃貸住宅に暮らしていて、うち１部屋が処分できないもので埋め尽くされた物置部屋になっていたとしたら、この部屋にかかる家賃は単純計算で４万円だ。

捨てられないモノを４万円かけて保管する。いったいどちらがもったいないだろうか？

そもそもモノが溜まっていく人は、何かとつい買ってしまうという傾向がある。新しく何かを買ったら、その分古くなったモノを処分しなければモノは増えるばかりだが、それができない。

だから似たような服ばかりを買って無駄にしたり、賞味期限が切れた調味料を冷蔵庫に埋もれさせていたりする。

こうしたものは一度思い切って処分してしまおう。そうすることによって、次からは慎重な買い物をするようになるし、一度買ったモノを大切に使うようになるはずだ。

着ることのない洋服も、読まない雑誌も、古い調味料も、とっておくだけでお金がかかっている。そのことさえ念頭に置いておけば、おのずと部屋は整理され、真の意味でのエコロジーにつながるはずだ。

ボーナスを分割払いにあててはいけない

ボーナスをどう使うかによって、その人の生活の質が大きく変わることもある。

まず、しっかりと認識しておくべきことは、ボーナスとは「生活費」ではないということだ。

残業の時間数や特別減税などにより毎月の給与にばらつきがあるという人も多い。そういう場合、月によっては赤字になることもある。

その不足分を補うためにボーナスを使うこともあるだろう。ボーナスを月々の固定給と同じように考えて、日常的な生活費として切り崩していくわけだ。

しかし、これではボーナスの意味がない。

臨時収入という言い方があるように、ボーナスとはあくまでもイレギュラーの収入と考えるべきだ。

ふだんはできないような大きな買い物や旅行など非日常的なことや、日ごろ考えていてもなかなかできないレジャーなどに使い、自分にとってのプラスにするべきお金である。これによって、また頑張ろうという意欲も湧いてくるはずだ。

「ボーナス払いで大きなものを買う、ボーナスを当て込んで分割払いにする」といった買い物も絶対にすべきではない。ローンを組むときも、あくまでも毎月の給与でまかなえる範囲で考えるべきなのだ。

ボーナスを辻褄あわせに使うのでは意味がない。

ボーナスはボーナスとして、あくまでも臨時の収入として役立てる。それが人を前向きにするのだ。

自分にとってムダな支出は何か見極める方法

「それは本当に必要なものなのか」

「自分は本当にそれを欲しかったのか」

そんな視点で、自分のまわりにあるものを見直してみると、必ず「無駄なもの」が見えてくる。

そこで、自分の生活を徹底的に検証することで、「無駄なものリスト」を作ってみよう。

たとえば、毎月20万円の給与でそれなりに満足のいく生活をしている人がいたとする。

ところが、その人がもし月給30万円をもらうようになれば、それまで買わなかったような洋服や家具などがつい欲しくなるものである。

月給20万円のときには見向きもしなかった5万円のスーツを30万円になったとたんに購入する、ということも珍しくないだろう。

しかし、よく考えてみると、５万円のスーツが欲しかったわけではなくて、単に買えるようになったから思わず買っただけという人も多いはずだ。

この買えるようになったから、つい買うというのが、無駄を生み出す大きな原因なのである。

人間は、押しなべてこの罠に陥りやすい。しかも、そんな高価なスーツに限って、自分にはふさわしくないどころか気恥ずかしい気がしたりしてめったに着ないものである。それこそますます無駄遣いというわけだ。

自分の身の回りにそんな無駄なものがないか、あらためて検証してみよう。「無駄なもの」がわかれば、逆に「無駄ではないもの」が何なのかも見えてくるはずだ。

「ゴールドカード」はいったい何が得なのか

あなたの使っているクレジットカードは、果たして何色だろうか。一般会員向けにデザインされたものか、それとも光輝くゴールドだろうか。

「ゴールドカード」は利用限度額が高いため、それを持つには一般のカードよりも厳しい審査をパスしなくてはならない。

ゴールドカード会員向けの限定サービスも各種用意されており、ゴールドカードを持つことは、たしかにある種の社会的ステータスを手に入れることといってもいいだろう。

とはいえ、もしカード会社から送られてきた「ゴールド会員のご案内」を見て切り替えを検討しているのなら、ちょっと待ってほしい。

ゴールドカードで受けられる数々の特典は本当に自分に必要なのかを考えてみた

い。なぜなら、ゴールド会員になるには年間数千円から数万円の年会費を払う必要があるからだ。

クレジットカードといえば以前は年会費を払って利用するのが当たり前だったが、今や百貨店やコンビニエンスストア、レンタルビデオ店にいたるまで、独自のポイントシステムなどをつけた「入会金無料」「年会費も永久無料」のカードが発行されるようになった。単にクレジットカードを利用するだけならば、それらの無料カードでもまったく支障がないのだ。

ゴールドカードで受けられる特典としては、たとえば、買い物や海外旅行時の保険機能がついている、会報誌が送られてくる、あるいは、空港で会員専用のラウンジが無料で利用できる、舞台やコンサート、スポーツなどのチケットが予約しやすくなるといったものがある。

しかし、そのすべてが自分にとって、本当に会費を払いつづけてまで必要なサービスなのかよく考えたうえで、ゴールドカードにすべきかどうか検討したほうがいいだろう。

結婚式、パーティ…で毎回いろんなブランド物を試せる奥の手

懐具合が厳しいときに限って、友人から披露宴や結婚パーティーの招待状が届いたりする。しかも春や秋のブライダルシーズンとなると、幸か不幸かそれが毎週のように続いてしまうということもよくある。

そこで頭の痛い問題が出てくる。ご祝儀代もバカにはならないが、それ以上に「何を着ていこうか？」という問題だ。

とくに女性なら、学生時代の友人の結婚が重なってしまうとなるとまたひと苦労だ。同じ顔ぶれが集まるなか、何度も同じ服装で出かけるわけにもいかないだろう。だからといって、その都度バッグやドレス、靴まで買いそろえていては、お金がいくらあっても足りない。

そこで最近人気なのが、衣装のレンタルサービスだ。

ブランドもののバッグが１週間で５０００円を切る格安の料金でレンタルできるような手軽なものから、超有名ブランドの衣装レンタルにプロのスタイリストによるコーディネートがセットになって１万円以下でＯＫ、というリーズナブルな店まで登場している。

自分ではなかなか手の出ないハイブランドのドレスやバッグを気軽に試すことができるということで、常に予約でいっぱいだというが、「進化した貸し衣装屋」といったところだろうか。

また、たまには着物も着てみたいという人には、着付け料込みで着物のレンタルをしてくれる店もある。身ひとつで行けばその店ですべての支度が整い、そのままパーティー会場に出かけられるという便利さだ。

衣装に限らず、このようなレンタルサービスは、様々な業種で人気があるという。週末だけペットをレンタルしてセレブ気分でお散歩を楽しむ「レンタルペット」など、さまざまな業界が参入してきているのだ。

ＴＰＯに応じて上手に利用してみてはいかがだろうか。

車自体ではなくローンの金利で購入費を下げるワザ

マイホームと同じで、マイカーもけっして安い買い物ではない。現金で一括払いをする大金持ちならいざ知らず、販売店と値引き交渉を重ね、そしてローンを組んでいざ購入となるのが一般的なパターンだ。

とはいえ、どんなに時間をかけて交渉しても、下取り車の査定の金額や値引き額には限度が決まっている。そこで、少しでも安く自動車を購入するためにローンの金利にも注目してみたい。

まずは、銀行や信用金庫などから融資を受けて購入する「マイカーローン」といわれるタイプのローンだ。この場合、金利は比較的安いものの銀行での手続きが必要になり、また審査に時間もかかる。

一方、ディーラーなどの販売店で取扱っているローンには、提携しているクレジット会社を利用する「クレジット」タイプがある。こちらは手続きも比較的簡単で審査もさほどうるさくはないが、金利は一般的に銀行ローンよりも高い。

さらに、ローンの返済が終わるまでは、車の所有権は自分ではなく、ディーラーやクレジット会社になってしまう。そのため、何らかの理由で支払い途中に車を売却しようとしても難しい場合がある。

とはいえ、じつはクレジットの金利はあくまで基準の金利なので、販売店の裁量でかなり融通が利くという裏ワザもあるのだ。

車両本体価格の値引き交渉は早々に見切りをつけて、今度はクレジット金利の〝値引き交渉〟を試してみるという手もある。

また、２００９年からはじまった「エコカー減税」により、環境性能に優れた自動車を購入するときの自動車税が軽減されるようになった。日本自動車工業会のホームページで、対象となる車種についての情報を公開しているので一度チェックしておきたい。

１円でも安くマイカーを手に入れたいなら、目の前の価格ばかり追うのではなく、金利や税金などさまざまな情報を集めてから総合的に検討したいものだ。

「4月から6月はできるだけ残業するな」と言われる訳

1日8時間の法定労働時間を超える時間外労働、つまり「残業」にはどれほどの割増し手当てがつくかご存じだろうか。

正解は基本給の25パーセント以上。しかし、いくら残業代が入るとはいえ、好んで残業をしたいと思う人は少ないはずだ。

とくに毎年4月から6月の3カ月は、要注意である。それは、社会保険料の算出方法とおおいに関係があるからだ。

会社勤めをしている人なら、毎月の給与から厚生年金保険料が差し引かれているのをご存じだろう。じつはこの額、毎年4月から6月の給与を元に計算されるのだ。

厚生年金保険料には1級から30級までの等級があり、等級に応じて支払うべき金額は変わってくる。そしてその等級は、基本給と残業代をあわせた給与の４月から６月の３カ月間の平均を元に決定する、と法律で定められているのだ。

そうして決定された保険料はその年の９月から適用され、翌年の８月までの１年間の基準値となる。

そこで、仮にこの期間に残業時間が爆発的に増えてしまっていると、保険料の等級もそれに比例して上がってしまうことになる。結果として、その後１年間の保険料にモロに反映されてしまうというわけだ。

もしこの時期に上司から残業を頼まれたら、何とか上手に切り抜けるのも手かもしれない。

税金がけっこう返ってくる！　意外と使える「医療費控除」

毎年、確定申告の季節になると、「会社員でも確定申告が受けられます」という話をよく耳にするようになった。

確定申告といえば自営業者のものというイメージが強かったが、この給料アップもままならないなか、税金を少しでも取り戻したいということでさまざまな方法が紹介されるようになったのだ。

その最たるものが「医療費控除」だ。年間で10万円以上の医療費を支払った場合は医療費控除を受けることができるため、確定申告によってお金が返ってくる、という話は周知のとおりだ。

ところで医療費というと、風邪や歯の治療、病気やケガの治療に対して支払った治療費を想像してしまいがちである。ところが、もっと身近な肩こりや腰痛の治療費も医療費に含まれることは意外に知られていない。

ひどい肩こりや腰痛に悩まされ、その治療に毎週マッサージや鍼灸、整体に通う人も少なくない。

立ち仕事からパソコン仕事に携わる人まで、現代の〝職業病〟は本当にさまざまである。こういった治療とみなされる医療行為に対しての支払いも、医療費として

ちょっと意外な医療費控除の対象

・かみ合わせが悪い歯の矯正治療費

・かぜ薬などの市販薬

・通院治療にかかった交通費

・はり、あん摩などにかかった治療費

・松葉杖や義歯などを医師の指示で
購入した場合の費用

など

**領収証や
レシートは必ず
残しておきましょう**

認められるのである。

国税庁のホームページにも、「医療費控除の対象となる医療費」として、「あん摩マッサージ指圧師、はり師、きゅう師、柔道整復師による施術の対価（ただし、疲れを癒したり、体調を整えるといった治療に直接関係のないものは含まれません）」と、はっきり書かれている。

毎月、肩こりの治療にかなりの金額を支払っている覚えのある人は、行きつけの治療院で一度確認してみてはいかがだろうか。

退職日を選ばないと意外な出費が待っている

どんな理由にせよ、いったん会社を退職することが決まると、1日でも早く辞めたいと思うものだ。しかし、立つ鳥あとを濁さず、引き継ぎや残務整理などをしっかりと終えていくのは社会人としては当然の義務だ。

ただ、意外と見落としがちなのが退職の日である。

1日でも早くと思ったがために、退職の日がたった1日違うだけで損をしてしまっていることがあるからだ。

社員として会社に所属して仕事をしているうちは、当然のことながら会社が支払いの半額を負担してくれる厚生年金と健康保険に加入している。

しかし、退職してすぐに次の会社に就職しない場合は、それぞれ国民年金と国民健康保険に切り替えて全額を自分で払うことになる。

ここでポイントになるのが、会社との折半になる社会保険は日割りではなく1カ月単位での加入であるということだ。

つまりは、末日まで加入してはじめてその月は「社会保険に加入した」とみなされるのだ。

社会保険は退職日の翌日に資格を失う仕組みになっている。そこで、31日まである月にもかかわらず、きりがいいからと30日で退職してしまうと、31日には社会保険に加入していないことになる。

そうすると、たった1日を残しただけにもかかわらず、その月は会社の社会保険には加入していないことになってしまうのだ。

結果として、全額自己負担の国民年金と国民健康保険をその月の1日にさかのぼって丸々1カ月分を支払わなくてはならないことになる。

31日で退職する場合は、社会保険の加入日も同じく末日までとなり、国民年金と国民健康保険に切替えたとしても支払いは翌月から発生することになる。そのかわり、最後の給料から退職月の社会保険料を引かれるケースもある。

退職が決まっても、その日程は冷静になって考えたいものである。

会社が倒産した…そんなときあなたを救う身近な書類

転職を経験している人にはおなじみかもしれないが、会社を退職してしばらくすると、在籍していた会社の人事部や総務部から「源泉徴収票」と「離職票」が送られてくる。これらの書類は、退職から再就職するときに生じるさまざまな手続きで欠かせない書類だ。

まず、源泉徴収票にはその年の収入や、自分が支払った所得税額が記入されている。年末調整に使用するため、次に入社する会社で提出を求められるはずだ。

ただし、年末までに再就職せず自分で確定申告を行うことになったときは、この源泉徴収票をもとに還付申告を行い、払いすぎている所得税を取り戻すことになる。

離職票は失業手当の申請に必要なもので、ハローワークに提出する書類である。このふたつは、どちらも大切に保管しておきたいものだ。

ところが、急な倒産などの場合、所属していた会社が冒頭のような手続きや書類の発行を確実に行ってくれるかはあやしい。

こういうときは、ふだんは一度見ただけで捨ててしまいがちな給与明細が役に立つ。１年分の給与明細があれば、還付申告も失業手当の申請も問題なく行うことができるからだ。

できれば最低でも過去１年分の給与明細は保管しておくといいだろう。

会社が倒産して突然失業してしまうことなどあまり考えたくはないが、準備だけはしておいてもいい。

手続きができず、本来もらえるはずの手当や戻ってくるお金に漏れがないように、必要な書類やどこで何をすればいいかなど正しい知識を持っていたいものだ。

「誰でも何歳からでも入れる保険」はお得なのか

「誰でも入れます」というキャッチコピーの保険会社のＣＭ。覚えがある人も多いと思うが、これまで保険に加入していなかった高齢者の人でも安心していつからでも入ることができる、というものである。果たして、そんな都合のいい話があるのだろうか。

結論からいうと、こういったタイプの保険は損をする可能性をはらんでいるといえる。

まずは、その保険会社のホームページやパンフレットを隅々まで読んでみよう。CMではそこまでうたってはいないものの、じつは損害保険であったというケースもある。

つまり、ケガなどの入院には保険金が支払われるが、病気に対しては保障されないというものだ。

また、仮に生命保険だったとしても、「特別条件」といって治療中の病気や、以前に発病した病気が原因の入院・手術は保障の対象外となるなど、条件がつく場合もある。

そして、何より気になるのがその保険料の高さだ。年齢や病歴を問わずに加入できるのだから、保険会社としては大きなリスクを背負うことになる。

当然そのリスクは、加入者が支払わなければならない保険料に上乗せさせられているのだ。

つまり高齢になってから加入しても、保険料が高額なため10年、20年と長生きすると、支払い金額の総額がなんと保険金額を超えてしまうということにもなりかねない。

それなら、保険料として支払っていた金額を定期預金として積み立てておくほうがまだいい、という結論になる。

キャッチコピーの派手さばかりに気をとられて、肝心の保障内容を見過ごさないようにしたいものだ。

確定申告をしないと損をする副収入のオキテ

毎月給料だけではやりくりが厳しいからと、週末やアフターファイブにアルバイトをする人が増えている。不況の影響で、会社によっては副業を認めているところもあるくらいだ。

ただし、サラリーマンとしての収入だと、税金が給料から天引きされるので個人的な手続きは必要ないが、副収入に関してはちょっと注意が必要だ。

アルバイトなどで稼いだお金が年間で20万円を超えると税金がかかってくるため、確定申告をしなければならないのである。

これを忘れると、税務署から申告漏れの通知が送られてきて、本来の金額よりも多く徴収されてしまう恐れがある。

確かに「黙っていればバレないのでは」と思うかもしれないが、50万円を超えた収入は、支払先の会社からも税務署に書類が提出されているので、ここは正直に申告したほうがいい。

ただし、副収入が20万を超えても、税金が免除されることがある。確定申告の際には、収入だけでなく、それにかかった経費も記載する。

交通費や交際費などの経費を差し引いて、20万円に達しない場合には課税対象とはならないのだ。

だから、自分がその仕事をしたときに、何にどのくらいの支出があったかはきちんとメモをしておいたほうがいい。

ちなみに、経費を差し引いて20万円にならないからといっても、確定申告をしないと申告漏れになってしまうので気をつけたい。

また、定期的なアルバイトではなく、「原稿を書いた」「ネットショップを開業した」など、偶然に大きな臨時収入があったケースでは、「一時所得」と見なされて税金が軽くなることも覚えておこう。

「迷っているならおすすめしません」で買いたくなる人間心理

心理学に「心理的リアクタンス」という言葉がある。

これは、ある圧力に対して反発する心の動きのことで、たとえば「勉強しなさい」と言われるとやる気はしないが、「わかった。もう勉強はしなくていい。好きなだけ遊んでいなさい」と言われると、逆に勉強したくなるような、子どもの頃なら誰にでも思い当たる心理効果のことである。

ショッピングでも同じことがいえる。

店員につきまとわれて「それは買って損はないですよ」とか「お安くしておきますよ！」などとグイグイ来られると、買う気満々でいたのに急に冷めてしまうこともある。

ところが、「迷っているならおすすめしません」とか「本当に必要としている人以外にはお売りできません」のように、突き放すように言われると、むしろその言葉に反発したくなってがぜん購買意欲が湧いてくるものなのだ。

消費者の「心理的リアクタンス」を刺激してくるのは、マーケティングでは常套手段だ。

これに引っかかって、じゃあ買ってやろうじゃないかとなると、その術中にまんまとハマってしまうことになる。

これを回避するには、すぐに購入を決めずに「それはなぜですか？」と、おすすめしない理由を突っ込んで聞いてみたい。

相手の反応がしどろもどろであれば、その宣伝文句は裏づけのない上滑りのセールストークだ。そんな商品にお金を支払うだけ損である。

「返品自由」がうたい文句の「ネット通販」がそれでも儲かる理由

今や私たちの生活になくてならないものがネット通販だ。実店舗では優柔不断でなかなか購入を決断できない人でも、ネットだと深く考えず、ついポチっとしてしまうという人は多いのではないだろうか。

だが、洋服や靴などは、素材やサイズ感がわからないから手を出しにくいというデメリットがある。そこで、そんな消費者心理を見越して、最近は「返品自由」をウリにしているショッピングサイトが増えている。

サイトにもよるが、だいたいは2週間以内など期限をもうけて、その間に気に入らなかったりサイズが合わなかったりすれば返品できるようになっている。

その際の配送料も販売店が持つ場合が多く、消費者は届いた箱や袋に商品を詰めて送り返すだけだ。

たしかに消費者側の金銭的な負担はほぼゼロなので、買い物のハードルはグッと下がるが、販売店は損をするばかりではないのだろうか。

じつは、この「返品自由」は一見販売店が大損しているかと思いきや、きっちりと儲けにつながっているというのだ。

というのも、人は自分が一度所有したものには価値があると思いたがる傾向がある。これを「保有効果」というが、この心理的効果のおかげで意外にも返品が少ないというわけだ。

スマホにしても他社への乗り換えや格安ＳＩＭという選択肢があるにもかかわらず、「手続きが面倒」「メールアドレスが変わるのが嫌だ」といった理由をつけて、長年使用しているキャリアで現状維持しようとする人は少なくない。こういう時、本人は意識せずとも、どこかで保有効果が働いているのである。

もちろん、なかには本当に思い出いっぱいで捨てられないものもある。だが、持っているだけで価値があると無意味に思い込んでいる深層心理につけ込んだ商法でもある。

買い物で失敗する人は、こんな罠にハマっている

お金を貯められない人の特徴のひとつに、モノの適正な価値を見抜けないことがある。名の知れたブランドのロゴマークがついているだけで、何も考えずに「いい製品だろう」と思ってしまうような人は要注意だ。

そんな人はセール時の買い物でも失敗しやすい。

たとえば、１万５０００円を二重線で消し、その下に７９００円と書かれた値札がついているシャツがあったとしよう。

いつもだったら、衝動買いなどしないのに、ものすごくお得な気がして何も考えずに購入してしまったことはないだろうか。

これは前述の「アンカリング効果」に当てはまり、１万５０００円という数字が錨（アンカー）のように固定され、それを価値基準にしてしまうという心の動きで

ある。

ふだんの価値基準でいえば、７９００円のシャツは高いと感じて踏みとどまるのに、１万５０００円のアンカリング効果のおかげで、「本当にその価格は妥当なものか」という思考が飛んでしまうので、いとも簡単に財布の口を開けてしまうのだ。

さらに強力なのは、「今だけ」とか「限定」などといった〝レア感〟がプラスされる場合だ。

半額セールでなおかつ「タイムサービス」や「先着10名限定」とくれば、たいていの人が「いま買わなくちゃ！」「これを逃したら損をする！」という心理にあっさり陥ってしまうのだ。

これがシャツ程度ならまだいいが、クルマやマンションなど、もっと高額なモノの衝動買いは笑い話では済まなくなる。

当然、売る側も消費者のそんな心理を突いておいしい宣伝文句を並べ立てている。グッと飛びつきたくなるのをこらえて、その買い物は正解なのかどうか、一呼吸置いて考えてみる習慣をつけたい。

泡の多いビールでもサービスなら許してしまう人間心理とは？

外食をする前にネットでお得なクーポンを探すのは誰でもやっていることだ。「生ビール1杯サービス」から「人気の一品、無料にします」まで、特典はさまざまだ。

そのクーポンを手に客は店に入り、オーダーをする前に店員にクーポンを見せる。すると、無料になったビールがさっそく運ばれてくるのである。

その時、たとえビールの泡が少しくらい多くてもクレームをつける人はそうはいないだろう。ふだんはチビチビと飲む人でもなぜか一息で飲み干してしまったりする。

理由は単純明快だ。「おまけ」のビールだからである。

こういう人に限って、自分でお金を払って注文するビールはじっくりと味わって飲んだりする。なかには泡が多いなどと言って店員に文句をつける人もいるかもしれない。

ここで、このおまけ感覚についてよく考えてほしい。クーポンだろうが現金払いだろうが、同じ1杯のビールには変わりはない。つまりは、おまけだからといって適当に扱う理由はどこにもないのである。

これが居酒屋の話ならまだいいが、ふだんからこういったおまけをナメてかかっていると、やがては金銭感覚までも麻痺してしまうことになる。

その最たる例が宝くじだ。以前、宝くじで3億2000万円を当てた男性があっという間に3億円近い金を使い果たしてしまったという経験を自らのブログに書き、それがドラマ化されたことがあった。

周りから見ると本当にもったいない話だが、これこそおまけ感覚が生んだ悲劇といってもいいだろう。

たとえ無料サービスの生ビール1杯であっても、せっかく手に入れたおまけだからこそ大切にしなければならないのである。

ボタンの位置で売り上げが大きく変わる自販機の販売戦略って何？

最近の自動販売機にはかなり大型のものが多く、当然、売られている飲み物も種類が豊富だ。１台の自動販売機に、お茶や水、コーヒーに炭酸飲料、おしるこや甘酒、スープまで売られていることもある。

ところが、それぞれの売れ行きを見てみると、じつは、どれが最も売れ行きがいいかの傾向ははっきりしている。それを決めるのは飲み物の種類やメーカーではなく、じつは押しボタンの位置にある。

答えを先にいうと、コインの投入口に近い場所にボタンがある飲み物が最も売れ行きがいいのである。

自動販売機で自分が飲み物を買う時のことを考えてみればわかる。「絶対にこれが飲みたい」と目的がはっきりしている場合は別として、「何でもいいから喉を潤したい」という場合には、コインを投入した後、あまり手を動かさなくてもすむ場所のボタンを押してはいないだろうか。実は、それは、そのまま買う側の心理でもある。

最近の自動販売機は横幅が広く、コインの投入口から一番遠い飲み物を買おうと思ったらちょっと移動しなければならないものもある。

「そこまでしなくてもいい、手近なものですませよう」という人からすれば、ついコインの投入口から最も近い距離にあるボタンを押してしまうというわけだ。

巧みにお客を誘導するデパートの二つの仕掛けとは？

デパートに買い物に行くと、ニッポンの消費経済はやはり女性に支えられていると実感せずにはいられない。なぜなら、たいていのデパートでは1階が〝女の園〟である化粧品売り場で占められているからだ。

ところで、なぜ多くのデパートが1階に化粧品売り場を持ってきているのだろうか。

たしかにデパートで扱うコスメアイテムには高価なものが多く、それらは自然と「客単価」を上げてくれる。ところが、そればかりが理由ではない。

買い物に行った時、閑散としているよりは客が多くて活気のある店に足が向くのは当然のことだ。

ましてや女性客が楽しそうに買い物をしている様子は、下手なテレビCMよりも何倍も客の心を引きつけてくれる。

こうして女性客でにぎわう雰囲気につられてデパートに入ってきた買い物客は、「ちょっと服でも見ていこうか」とか「疲れたからお茶でもしようか」などと、上のフロアへと昇っていくのだ。

このように、下のフロアから上のフロアへ客の流れをつくることを「噴水効果」という。つまり、化粧品売り場はこの〝噴水〟の役割を果たしているのだ。

また、上のフロアで買い物をした客は、今度は各フロアを下りながらさらに買い物を続ける。これは逆に「シャワー効果」と呼ばれており、「デパ地下」の食材売り場のスイーツ店などに行列が絶えない理由のひとつとしては、このシャワー効果のおかげもある。

この〝噴水〟と〝シャワー〟のダブル効果で店内を客であふれさせることができれば、店の笑いも止まらなくなるというわけだ。

実際よりも広く見せる「モデルルーム」の演出トリックとは？

マンションなどのモデルルームには、家具が配置されていることが多い。見学者にとっては実際の生活をイメージしやすくなるうえ、「この部屋は子供部屋にちょうどいいかも」などと想像をするものだから、購買意欲もいっそう高まることになる。

ところが、マンションを買っていざ入居をしてみると、思っていたよりも狭いと感じてしまうことがある。じつは、モデルルームには人間の目と脳の働きを利用したある〝マジック〟が隠されているのだ。

たとえば、写真を見る時、そこに写っている人物は実際のサイズよりはかなり小さい。それでも、われわれはそれを「小さいなあ」とは思わずにすんなりと受け入れる。これはそれまでの経験に基づいて、相対的にものごとを知覚しているためだ。

モデルルームに設置してある家具は、こうした知覚のトリックを利用して実際の家具よりも小さくつくられている場合がある。

しかし、小さい家具が置いてあることなど知らない客は、部屋の大きさと家具のバランスを相対的に見て、何の疑いもせずに「広い」と感じてしまうのである。あるいは、より広く見せるためにあえて最低限の家具しか置いていないこともある。

それでも、空っぽの部屋を見せないのは、人は家具が置いてあるほうが広さを実感できるためである。

買ってから「あれ?」などということにならないためにも、目の錯覚にごまかされないよう気をつけたいものである。

コストがかかっても「おしぼり」を出すお店の真意は？

　飲食業界では「おしぼりを出す店はつぶれない」といわれている。しかし、おしぼりが人気で店が流行るというわけではないし、おしぼりさえ出していれば店がつぶれないというわけでもない。ただ、業界にそんな〝神話〟があるくらい、おしぼりは飲食店にとってあなどれないものだといえる。

　近頃は紙おしぼりを出す店も多いが、ここでいうおしぼりはタオル地のおしぼりである。高級店ほどフカフカで触り心地のいいタオルを使っているものだ。

　テーブルに着いて真っ先に出てきたのがそんなおしぼりだと、まず気分がいい。夏には冷えたもの、冬には温めたおしぼりが出てくるのもうれしい気遣いだ。

　さらに気の利いた店になると、食事が終わってくつろいでいると、お茶と一緒にまたおしぼりが出てくることがある。それだけで「あら、親切」とか「気がきく店だ」という印象が残る。

ここまでくれば、もうおしぼりの大切さがみえてきたと思うが、おしぼりはサービスのひとつであり、客に対する心配りでもある。おしぼりを出すことで、客に少しでも気分よく食事をしてもらいたいという気持ちの表れなのだ。

もちろん、おしぼり1本にだってコストはかかる。しかし、そういうところに気を配れる店は料理にも愛情がこもっているし、トイレも常に清潔でスタッフの教育にも気を配っていることが多い。

「おしぼりを出す店はつぶれない」といわれるゆえんは、このあたりにあるのだ。

人がネットショッピングにハマってしまうのはどうして？

ネット通販にハマるＯＬや主婦はたしかに増えている。ひどいケースになると生活費にまで手をつけ、自己破産の一歩手前などという深刻なケースも聞こえてくる。

しかし、そうはいっても通信販売はインターネットが出現する前から存在している。テレビショッピングもあればカタログショッピングもある。それなのに、なぜネット通販だと自制がきかなくなるのか。

通信販売は、わざわざ店に足を運ばなくても商品を選べるという手軽さがウリである。しかも、テレビやカタログ販売では電話をかけたりハガキを書いて送らなければならないが、ネット通販ならパソコンのマウスでクリックするだけだ。好きな時間に好きなものを、誰ともコミュニケートすることなく買えるというのがエスカレートする理由なのである。

また、これは通販全般に共通していえることだが、店で買い物をする場合と違ってお金を支払っているという実感が湧かないことだ。ネット通販で迷いなくクリックできてしまうのは、すぐに財布の中身が減らないからだ。

さらに重症化すると、パソコンに向かって買い物をしている時が一番楽しくて、商品が届いたとたんに熱が冷めてしまうという本末転倒な事態に陥る。

こうなると、すでに商品を手に入れることが目的なのではなく、画面上に好きなものを集めてクリックすることが快感になっている可能性が高い。ＯＬや主婦に限らず、男性でもこんな自覚がある人は要注意だ。

実演販売のプロが実践する駆け引きの妙技とは？

デパートやスーパーでは、鍋や包丁などさまざまな種類の商品の実演販売をしているが、短時間で商品を売るポイントは、販売員の〝トーク力〟にかかっている。そこには、客を「買いたい」という方向へ作為的にコントロールしていくポイントが詰まっているのだ。

まず、第一に客を笑わせること。いったん笑いをとってしまえば客は立ち去りにくくなるが、かといって笑わせすぎてもいけない。客は面白いだけで満足してしまい、逆に商品が売れなくなってしまうからだ。

また、「確認話法」を使っていることも多い。これは実演をするたびに、客に

「これって〜でしょう?」と確認をとっていくやり方だ。客はそれに反応してうなずいているうちに、しだいに「この商品は素晴らしいものだ」という気持ちにさせられてしまうのである。そして、商品の説明がひと通り終わったら、「さあ、買ってください」と勧めるのではなく、判断を客に委ねてしまうところもミソだ。

あるベテラン販売員によれば、人間は51パーセント買う気になれば商品を買ってくれるという。そして、ひとりが買ってしまえば、あとは勝手に群集心理が働いてほかの人たちも買いだすというわけである。

実演販売は、こうした心理作戦を駆使した販売のプロならではの妙技だったのだ。

「海外で暮らす」ことの意外なメリット、デメリット

将来、仕事をリタイアしたら温暖な海外のリゾート地で暮らしたいと一度は考え

たことがあるのではないだろうか。せせこましい日本で生活するよりも、たしかに物価の安い外国のほうが第二の人生をエンジョイできそうだ。

実際、国によっては生活費を日本よりはるかに安く抑えることができるのも事実である。

ところが、ひとつだけ大きな問題がある。それは、ほとんどの国で外国人に社会保険は適用されないのだ。

つまり、もし病気や大けがをして医師の診療を受けると、その医療費は全額自己負担しなければならず非常に高額になってしまう。このため、日本にいる感覚で医療機関を利用すると大変なことになる。

たとえば、ハワイのホノルルで救急車を呼ぶと、病院に運んでもらうだけで４万円請求され、さらに盲腸の手術をしようものなら１００万円以上もの医療費が必要となる。

また、住居費も治安のいい場所ほど高額となるため、結局日本にいるのと生活費がほとんど変わらないこともあるという。

観光旅行と永住とではかかる費用が違うのである。

葬儀社と値段交渉をする余地は本当にあるか

自分の葬式費用くらい自分で用意しておきたいものだが、実際に葬儀にはどのくらいのお金がかかるのだろうか。

葬儀費用の全国平均は、約１９６万円（２０１７年、日本消費者協会調べ）で、葬儀社への支払いのほか、お寺や教会など宗教者へのお礼を含めた総額がこの金額だ。

葬儀には大きく三つの費用がかかるといわれている。

まず「葬儀一式費用」だ。これは式場の使用料、祭壇、火葬代、棺桶やドライアイスなどの装具一式、供花などといったもので、いわば固定費である。

次に、客人をもてなすためにかかる飲食代や返礼品の費用である「飲食接待費用」。そして最後に戒名、お布施といった「宗教者へのお礼の費用」である。

これらのうちもっともかかるのが葬儀一式費用で、全国平均は約150万円。葬儀社のパンフレットを見ると、「○○コース」「○○プラン」などのセットが設けられていることが多く、これが葬儀一式費用にあたる。

葬儀を行うにあたって必要な費用なので、ある程度金額が高くてもしかたがないのかと思いがちだが、葬儀一式費用は葬儀社との交渉しだいで安く抑えることができるのだ。

葬儀一式費用の内訳を見ると、じつは費用の約9割を占めているのが祭壇と棺の値段だ。そのほかのドライアイスや枕飾り、看板、お別れの花代などはグレードを高くしても15万円程度に収まってしまう。つまり、この二つにこだわらなければ費用はグッと抑えられるというわけだ。

葬儀社によって用意されている祭壇は異なるものの、祭壇には1万円のものもあれば100万円のものもあり、まさにピンキリである。

また棺も6万円くらいから彫刻が施された100万円のもの、さらにそれ以上のものまで、料金にかなり幅があり選択の余地は十分ある。

祭壇と棺を手ごろなものにすれば、平均１２０万円近くかかる葬儀一式費用を50万円にすることも可能なのだ。

よほど悪質な葬儀社ならいざ知らず、普通の葬儀社なら希望に応じてくれるので、葬儀社にまず予算を伝えてざっくばらんに相談すればうまく交渉できるはずだ。

とはいえ、人の死に関わるものなので、残された家族にしてみればお金の話を持ち出すことをためらう気持ちもあるかもしれない。そんな場合を考えて、自分の葬式は総額いくらでやってほしいと遺書にしたためておくのもひとつの手だ。

毎日きまって「いつもの店」に足が向かう人の深層心理とは？

午前中の仕事を終えたサラリーマンがとる行動といえば、いつもの店へ行き、いつもの定食を食べ、同僚と話したり新聞を読みながら最後はいつものコーヒーである。ほかにいくらでも店があるのに、行く店はたいてい決まっていたりする。

それは、その店までの距離や味、値段を考えると、そこがベストだという結論に達しているからなのだろう。

でも、そんな合理的な理由だけで人は〝いつもの店〟に通うわけではないようだ。ランチに限った話ではない。同じ駅の売店で毎日同じ新聞を買うとか、同じブランドのカバンを好む、同じメーカーのシャンプーを使い続けるといったことにも、じつはある心理が働いているのだ。

それは「現状維持バイアス」だ。現状維持バイアスとは、現状からの変化を回避するという人間心理の傾向である。

つまり、人は現状に大きな不満がない限り、変化したくないと思うのだ。変化することで今よりぐっとよくなるかもしれない、しかし逆に悪くなるかもしれないと考えた時、人は悪くなることを恐れる傾向がある。それが現状維持バイアスを生み出しているのだ。

たとえば、１０００円をもらった嬉しさと、１０００円を失くした悔しさを天秤にかけた場合、どちらが重くなるだろう。

米国での研究によると、2～2・5倍も失くした悔しさのほうが重いと評する結果が出ている。

これは、行動経済学でいうところの「損失回避性」というもので、損失による不満が利得による満足よりも大きく感じるからだ。

たまには違う店に入ってみようかと思う半面、1000円も出してガッカリするランチは食べたくない。結局、いつもの店でいいかという気持ちになるのは、まさに損失回避性による典型的な現状維持バイアスであるといえる。

かくしてサラリーマン諸氏の足は自然といつもの店へ向かってしまうわけだ。

「高級」といわれるだけで信じてしまう〝認知エラー〟の謎とは？

中国産のウナギを〝国産〟と偽ったり、ふつうの牛肉を〝ブランド牛〟に見せかけたりと、食品の産地偽装はあとを絶たない。

もちろん、消費者を騙してまで売ろうとするその姿勢は許されるものではない。しかし、表示されている内容をまったく疑うことなく買ってしまった消費者は「やっぱり国産モノはおいしいよね」などと、偽装にまったく気づかなかったりするのである。

なぜ、こんなにも簡単に人は騙されてしまうのだろうか。

その原因は「プラシーボ効果」にある。プラシーボとは、偽薬という意味の言葉だ。何の有効成分も入っていない偽薬でも、それに素晴らしい効果があると聞かされた患者に処方すれば、症状が改善してしまうことがある。これをプラシーボ効果といい、神経経済学の分野で研究されている。

ところで、冒頭の偽装ウナギのケースでは価格が高く設定されている。つまり、この値段なら国産に違いないという勝手な思い込みが、「おいしい」という脳の認知エラーを引き起こしたわけである。

実際、味にはさほど差がなかったというので、なおさら間違えやすかったのだろう。

ちなみにアメリカでは、知能を向上させるとうたった栄養ドリンクを使ったプラシーボ効果の実験も行われている。

同じ成分のドリンクであるにもかかわらず、値段が安いと伝えられたグループは高い値段を選んだグループよりテストの結果が低かったという。

このように、人間の頭脳は情報によって左右されてしまうことが往々にしてある。「おいしい」「効果があった」と感じるのなら、それはそれで問題ないともいえるが、くれぐれも悪質な偽装には騙されないようにしたいものである。

選択肢が増えると買う気が失せる人間心理の不思議とは？

「冷蔵庫を買い替えよう」と思い立って家電量販店にやってきた。友達の家にあるA社の冷蔵庫は最新の大型なので、同じものを買おうと決めている。買い物はすぐにすむはずだった。

ところが、店でいろいろな冷蔵庫を見てまわるうち、B社の冷蔵庫がA社とほぼ同じ値段なのにさらに省エネだった。「だったら、B社のほうにしようか…」。

さらに、A社かB社の二者択一で迷っていたら、少し容量は少なめだが安いC社の製品を見つけてしまった。A社とB社よりも数万円も安く、これでも十分間に合うような気がする…。

こうなると、もう結論を出すことができず、結局は何も買わずに帰ってしまうというのが多くの人の行動パターンである。

2つのものから1つを選ぶよりは、多くの選択肢から選ぶほうがよりいいものを手に入れることができる。誰もがそう思うはずだし、たしかに選択肢が増えるのはいいことには違いないだろう。

しかし、選択肢が増えるというのは、それだけ比較する要素が増えてしまい、迷わせる条件が多くなるということだ。

A社とB社の二者択一なら、値段は同じだから省エネ性だけで選べばいい。しかし、そこに値段が安いというC社が登場してくるとなると、単純に同じ要素を比べればいいという話ではなくなってしまう。

そしてさらに、人間の心理として重要なのは、選択肢が３つになったということは、「もしかしたら、調べればもっと多くの選択肢があり、その中には自分にとってもっといいものがあるかもしれない」という期待が生まれることだ。

それを承知でどんどん選択肢を増やすのか、あるいは最初のAかBかで決めてしまうのか、迷うところだ。

お金がなくても贅沢がやめられない人の心理とは？

たまに旬を過ぎたアスリートや、すっかりテレビで見かけなくなった芸能人が借金苦にあえいでいるとか、自己破産したといったニュースを見ることがある。

そんな苦境に陥っても破綻する直前まで高級車を乗り回したり、ブランド物の洋服を身に着けていたりすることがある。

庶民からすれば一財産を築いたのだから、贅沢をしなければ一生楽をして暮らしていけるだろうと思えてならないが、しかし彼らは借金をしてまでも生活レベルを落とさない、いや、落とせないのである。

たとえば、月収50万円で家賃15万円のマンションに住んでいたが、リストラされたため転職。再就職先では月収が30万円にまで落ちたとする。ふつうなら、この時点で家賃も10万円もしくはそれ以下に落とさなくてはやっていけないだろう。

ところが、人間は一度贅沢な生活を味わってしまうと所得が減ったからといって生活水準を下げるのが難しくなってしまうのだ。これには「ラチェット効果」が大いに影響していると考えられる。

ラチェット効果とは、「人間の消費行動は、現在の収入よりも、過去最も高かった時の収入の水準によって左右されやすい」という学説で、もちろんセレブな芸能人だけでなく、一般の人でも陥りやすい。

なかでも自営業者やボーナスの増減が激しい業界など、特に収入の振れ幅が大きい職種の人に多くみられる。どんなに意思が強い人でも、一度いい夢を見てしまうとそれが忘れられないものなのだ。

「あぶく銭はとっとと使ってしまえ」というのは本当か？

思いがけない幸運が舞い込んでくるのを〝棚からぼた餅〟といったりするが、こうした棚からぼた餅的なお金は、うっかりすると何に使ったのかわからないまま消えてしまうことが多い。これはいったいなぜだろうか。

結論からいえば、お金の価値は常に同じではないからだ。

たとえば、1日汗水たらして働いて稼いだ1万円と、偶然道端で拾った1万円ではまったく意味が違う。

拾った1万円はその日のうちにパーッと飲み代に使うことはできるが、肉体労働をして稼いだ1万円は大切に使うに違いない。我々はお金の価値に、それが手に入った時の経緯や感情を上乗せしているのだ。

だからこそ臨時収入のように予期せず手に入ったお金は、明確な使い道を決めない限り、あっという間に消えてしまうのである。

むろん、常にお金に意味を持たせて使うことなど難しいわけで、たいていの場合、お金は「なんとなく財布に入っている」だけのものともいえる。

なかでも、「棚ぼた」のお金には何の苦労も思い入れもない。よく「あぶく銭はとっとと使ってしまったほうがいい」といわれるが、これはこうした人間心理を如実に表したものなのだろう。

なぜかサービス残業してしまうビジネスパーソンの心理法則とは？

「囚人のジレンマ」という言葉をご存じだろうか。ビジネスパーソンがサービス残業をしてしまう心理は、この囚人のジレンマのカラクリと非常に近いものがある。

囚人のジレンマとは、共犯の２人が別々に取り調べを受ける際、どちらか一方が自白すれば、自白した者の刑が軽くなり、しない者の刑が重くなるという司法取引で、２人の犯罪者がとってしまう非合理的な結末のことをいう。

互いに黙秘した場合は、双方が等しく軽い刑であり、２人にとって最も合理的であるにもかかわらず、自分だけ自白してもっと刑を軽くしたいという欲望と、相方がしゃべってしまうかもしれないという疑念が湧き、２人とも自白を選び、双方が等しく重い刑を受ける結果になるという筋書きだ。

本来、サービス残業は頑張っている姿を上司にアピールする手段のことでもあり、会社の生産性があがるのはもちろん、自分の評価が他人より上がってこそやる価値があるものだ。

しかし、誰もがサービス残業をするなかにあっては、生産性は関係なく、帰りにくいから残るということも起きる。

結果としてサービス残業がやめられないジレンマに陥ってしまうのである。

いっそのこと、みんなで揃ってサービス残業をやめてしまえば誰の評価も下がることなく楽になれるのだが、組織というものはそう簡単にはいかないのだ。

Step4
１年後のあなたを変える
お金のなる木
の育て方

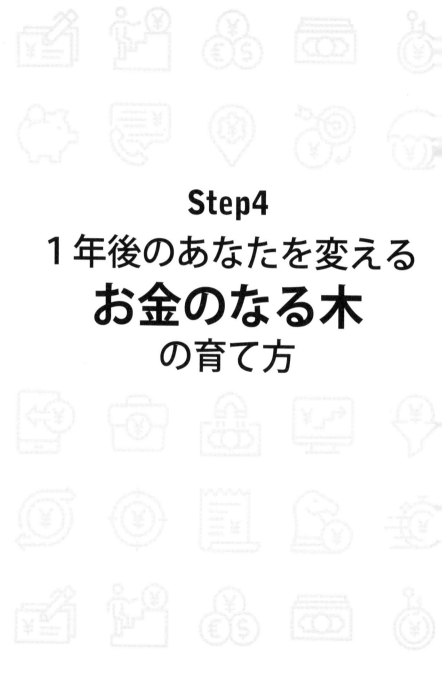

「借金」をポジティブにとらえる

借金と聞くとどうしてもネガティブなイメージがつきまとうが、どんなに儲かっている大企業でも、借金がゼロというケースはほとんどない。むしろ常に銀行を上手に活用し、借金と投資を繰り返しながら業績を維持し、売上げを伸ばしているはずである。

ここで覚えておいてほしいのは、借金には「していい借金」と「してはいけない借金」があるということなのだ。

「パチンコがやめられなくて消費者金融から10万円借りた」とか「飲み歩いていて生活費が足りなくなり、同僚に3万円借りた」といった借金は、いうまでもなく「してはいけない借金」だ。

ギャンブル自体がダメだからとか、友人・知人とのお金の貸し借りがよくないと

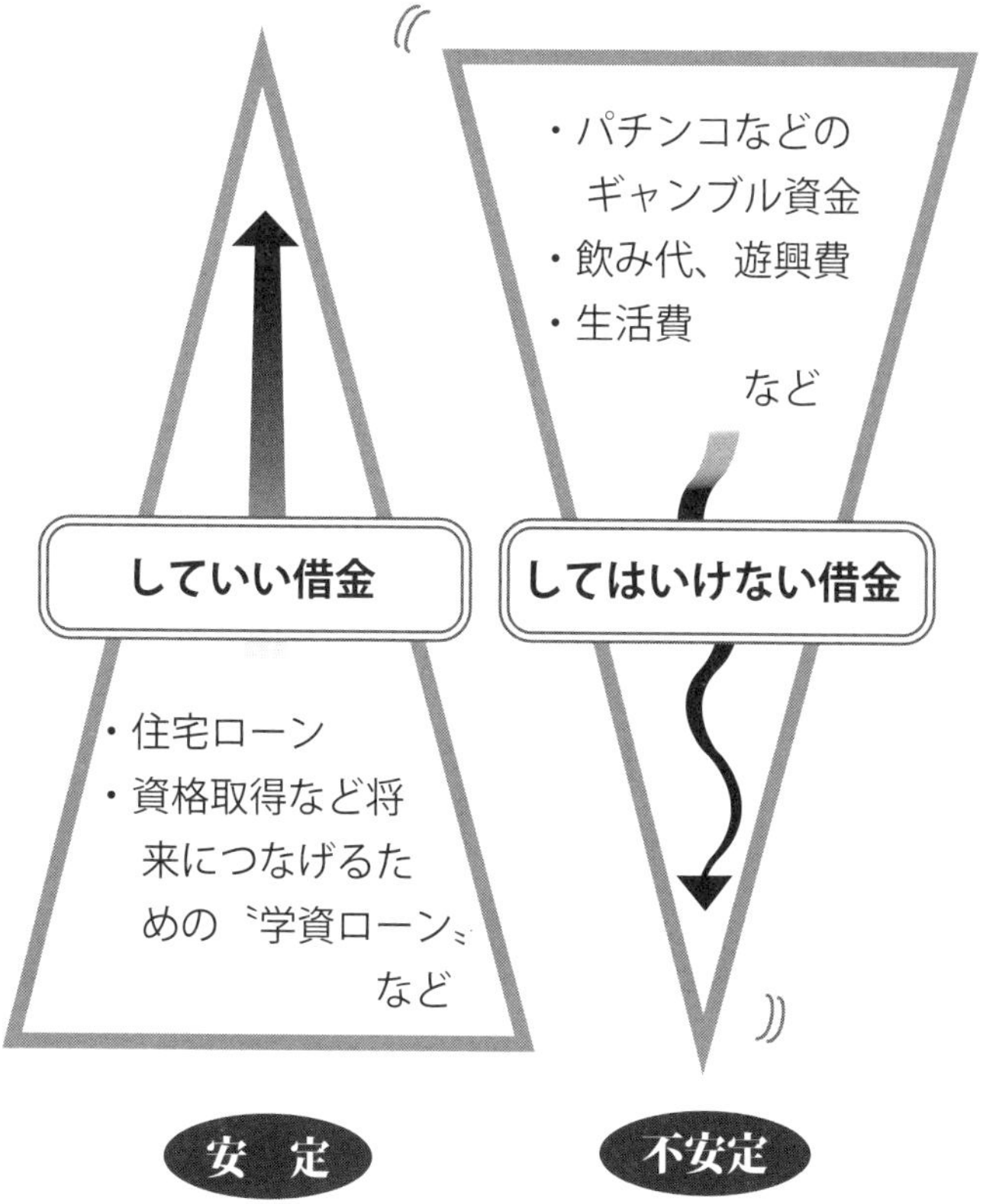
・パチンコなどの
ギャンブル資金
・飲み代、遊興費
・生活費
など
していい借金
してはいけない借金
・住宅ローン
・資格取得など将来につなげるための〝学資ローン〟
など
安定
不安定

か、そういった理由からではない。このふたつの借金は、単に目先の欲求を満たすための借金だからだ。

どんなに借金を毛嫌いしていても、私たちの生活には「後払い」というシステムがすでに出回っている。

たとえばクレジットカードなどはその最たるもので、考えようによってはこれも一種の借金だ。

また、多くの人が経験する可能性が高いのが住宅ローンだ。現金で一括購入できる人ならいざしらず、たいていは銀行や公庫などからお金を借り、マイホームを手にしてから20年、30年、35年とローンを払っていく。

こうした借金はしていい借金といえるだろう。家屋や土地は立派な資産であり、ひとつの先行投資とも考えられる。つまり、企業がする借金と同じ性格のものともいえる。

もちろん、そこには金利の問題や資産価値の増減などリスク管理も必須だが、パッと遊行費に使うための借金などとは比較にならないほど有意義なお金であることにはちがいない。

つまり、借金そのものは頭から完全に否定されるものではなく、むしろ生活にうまく取り入れ、いかに賢く利用していくかを考えることが大事なのである。

「人を知ること」＝「財産を築くこと」

よく、人間関係は財産だという。

仕事上の人間関係など、あきらかに利害関係がある相手に限ったことではない。身近な日常生活のなかでも、このことを常に意識して行動したいものだ。

たとえば、必要なときにしか人間関係を結ぼうとしない人は、当たり前のことしかしてもらえないし、少し難しい要求をしても絶対に受け入れてもらえない。

その点、ふだんから会話をし、交流を持ち、お互いの人間性をある程度知っている相手ならば、いざというときのリクエストにも応じてくれるし、それがひいては自分の〝財産〟になるのだ。

たとえば、気に入ったレストランを見つけたら、ウエイターと親しくなるのもいいだろう。そうすれば、もしも大切な友人との食事をするときに、「大切なおもてなしなので、よろしく」と言うだけで応対も違ってくる。

同じようなことが、お金や財産と強く結びついた場面でも役立つ。

たとえば銀行の窓口の担当者と親しくなれば、いざというときに融資担当者にスムーズに紹介してもらえるかもしれない。さらに、融資担当者とふだんから親しい関係を築いておけば、いざというときに建前を気にすることなく本音を話すことができる。借り入れの話が進めやすくもなるだろう。

また、不動産会社の人と親しくなれば、売り物件でも賃貸物件でも、こちらが求める情報を他の人よりも先に教えてくれるかもしれない。相手にしても、まったく知らない人よりは人柄を見知っている人のほうが安心なのは間違いない。

このように、日ごろから人間関係を築くことには大きなメリットがある。これもまた、お金を増やすために必要なことなのだ。

ムダな支出が手にとるようにわかる手帳術

お金を貯めようと思ったときに、「ひと月の食費は○円にしよう」「小遣いは○円以内に収めよう」などと、目標額を決めることが多い。しかし、これがなかなか守れない。

というのも、やみくもに立てた目標には何の根拠もなく、自分の生活スタイルに合っていないことも多いからだ。まずは、自分がどんなものにお金を使っているのかを把握することが先決で、そのために有効なのが支出のメモだ。

手帳やノートに毎日、何にお金を使ったのかをメモし、合計金額を出しておく。

そして、週末になったら、1週間分の支出を確認してみる。こうすると、自分がどんなことに多くのお金を使っているのか、無駄な支出は何だったかなどがはっきりと見えてくるのだ。

最初は箇条書きにするだけで精いっぱいかもしれないが、メモは他人に見せるものではないので、どんな書き方でもかまわない。そのうち、「食費」「交通費」「交際費」などと項目別に分類したほうが見やすいと思えば、スタイルを変えればいいのである。

さて、自分のお金の流れがつかめたら、今度はそれをコントロールするために予算を立ててみよう。このときには、1週間単位ではなく、ひと月分のメモを見直したい。

すると、「昼食代には平均してこのくらいかかっているな」とか、「飲み代は○円くらいだな」ということがわかってくる。これを元に予算を組めば、大きな失敗もなくなるというわけだ。

そしてひと月たったら、予算内に収めることができたかどうかの確認をしてみよう。そこで万が一、オーバーしてしまった場合には、必ずその原因を探すことも重要だ。

単に自分が無駄遣いしてしまっただけなのか、あるいは必要な用件で出費がかさ

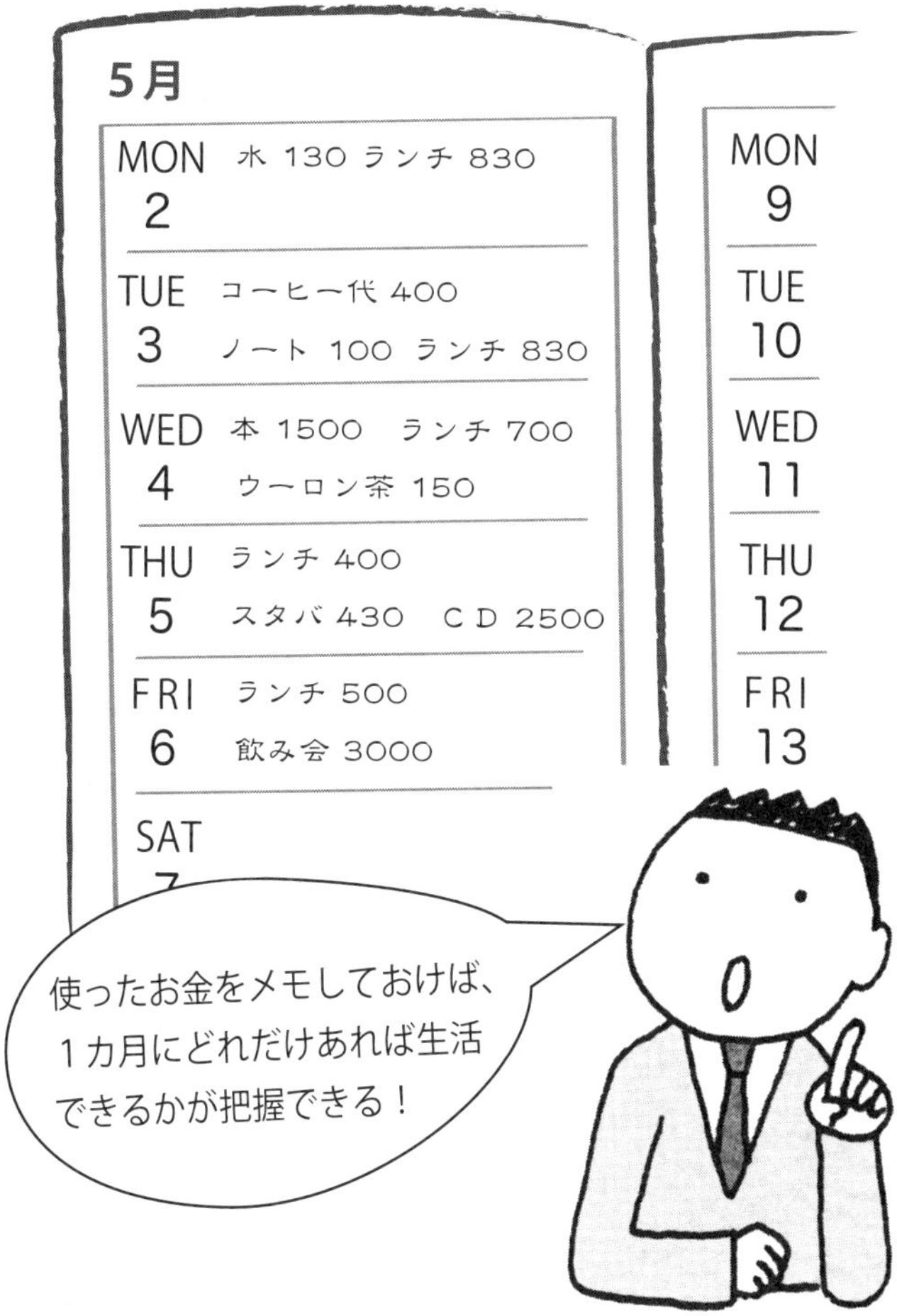
5月
MON 2 水 130 ランチ 830
TUE 3 コーヒー代 400 ノート 100 ランチ 830
WED 4 本 1500 ランチ 700 ウーロン茶 150
THU 5 ランチ 400 スタバ 430 CD 2500
FRI 6 ランチ 500 飲み会 3000
SAT 7
MON 9
TUE 10
WED 11
THU 12
FRI 13
使ったお金をメモしておけば、
１カ月にどれだけあれば生活
できるかが把握できる！

んだのかでは、状況はまったく異なる。何に使ったのかわからないままでは、お金は貯まらないと肝に銘じておこう。

メモという形をとると、自分に必要な支出や削ることができる支出が一目瞭然になる。

また、家計簿ほどではないにしても、いちいちメモをとるのは面倒な作業だ。その手間が、「メモをつけるのが面倒だから、これは買わないでいいや」という気持ちにつながっていけば、無駄な出費も抑えられる。

支出メモは、一石何鳥ものスグレモノなのである。

「収入が増えたのに預金が増えない」理由

お金を貯めるには、収入をアップさせる、ほしいものを我慢して支出を減らすといった、両極端の方法が考えられる。

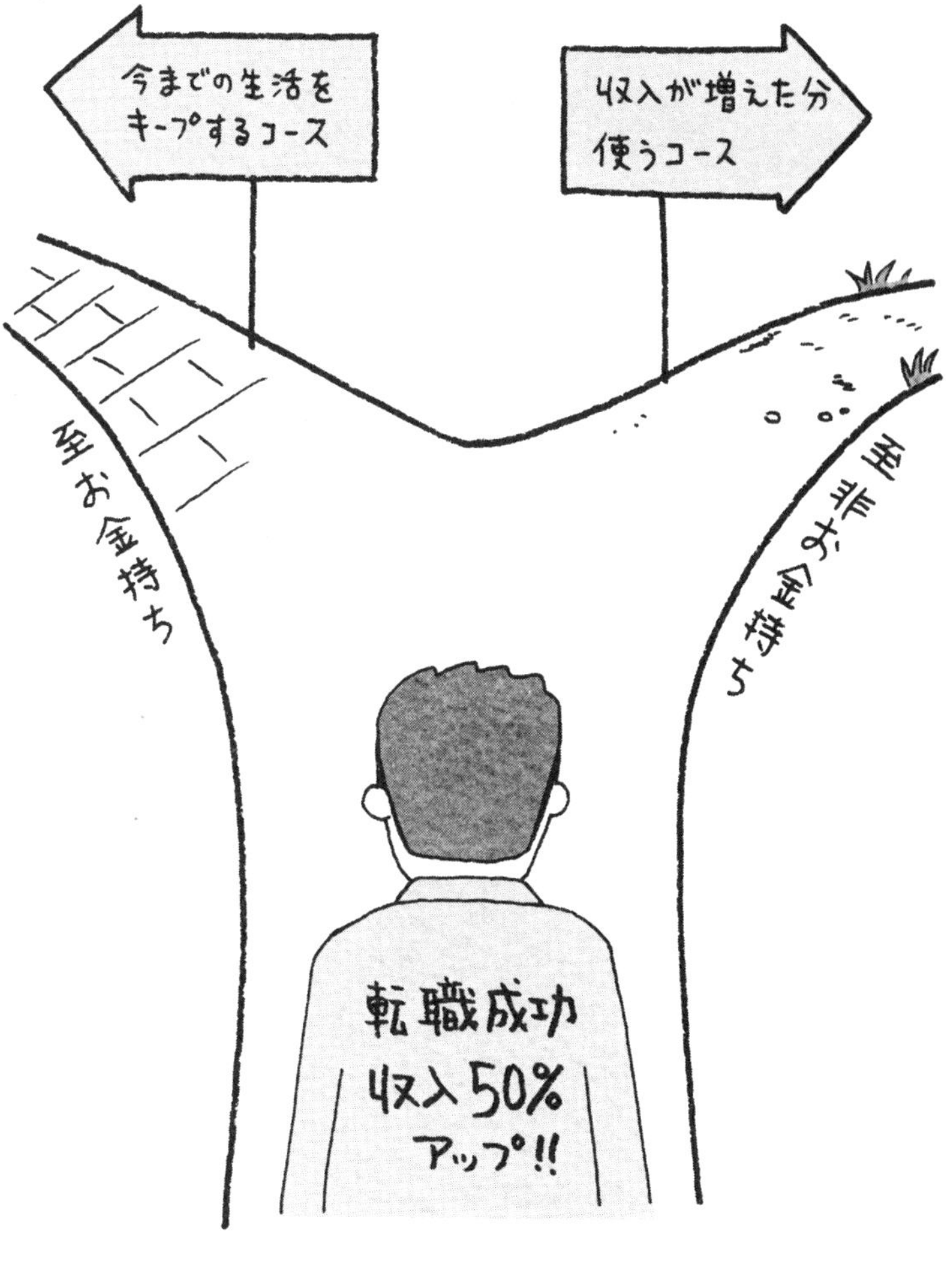
今までの生活を
キープするコース
収入が増えた分
使うコース
至お金持ち
至非お金持ち
転職成功
収入50%
アップ!!

ただし、収入が増えたからといって、単純に貯金も増えるかというと、そうはいかない。「車を買い替えよう」「海外旅行に行こう」「ワンランク上のスーツを買おう」と、支出もまた増えてしまいがちだからである。

余裕がないときには、よく考え、吟味して買い物をしていても、収入が増えたとたんに、ためらいもなく買ってしまうのは誰でもよくあることだ。

たしかに、支払う能力があれば、分不相応な買い物をしたとはいえないかもしれない。だが、これを続けていてはお金はいっこうに貯まらないだろう。

ようするに、自分のお金をきちんと管理したいなら、収入が増えても、増えた分と同じペースで生活レベルを上げないことが肝心だ。

もちろん、まったく上げるなというわけではない。〝物欲〟に、ちょっとだけブレーキをかけることを心がければいいのだ。

今の時代、安定した収入が永遠に続くことはまずない。万一、経済的に苦しくなった場合には、そのままの生活レベルを保つのは難しい。しかし、人間はいったん身についてしまった習慣からは、なかなか抜け出せないものだ。

高い生活レベルを維持しようと、収入以上のお金を使ってしまっては、借金地獄の坂を転がり落ちるだけである。

その点、今の収入より少し低いレベルの生活を維持していれば、蓄えもできるだろうし、どんな状況になっても慌てなくて済む。何より、物欲の暴走に歯止めがかけられるだろう。

ただし、ずっと我慢ばかりではフラストレーションがたまってしまう。年に一度や二度くらいは、少し高い買い物をしてもいいだろう。とはいえ、くれぐれも無駄遣いのしすぎにはご注意を。

まずどこから節約すれば生活レベルを落とさずに済むか

出ていくお金を減らすためには、まず「固定費」を見直すことである。

固定費とは、毎月必ず出ていく一定額の経費のことだ。家賃やローン、保険料の支払い、月謝などがこれに当たる。

一方、食事や交際費のように毎月その額が変化するものが「変動費」、冠婚葬祭や旅行などの出費は「臨時支出」となる。

節約をしてお金を貯めるとなると、多くの人は変動費や臨時支出のほうを切り詰めようとする。

しかし、食費や飲み代を減らしたところで、たかが知れている。ある月はかなり節約できても、別の月に大幅にアップすることもある。

つまり、誰もが考える変動費などの節約は、じつはかなり難しく、しかも効果が薄いのである。

そこであらためて考えたいのが、固定費の見直しだ。今さら動かしようのない額だからしかたがないと思いがちだが、そうではない。

たとえば、家賃15万円の部屋から12万円の部屋に引っ越しをすれば、毎月3万円の固定費が減る。引っ越し費用は大きいが、2年もあれば元がとれるはずだ。

また、住宅ローンなど大きなローンを抱えている人なら、借換えや繰上げ返済が

固定費を減らして貯蓄額を確保する

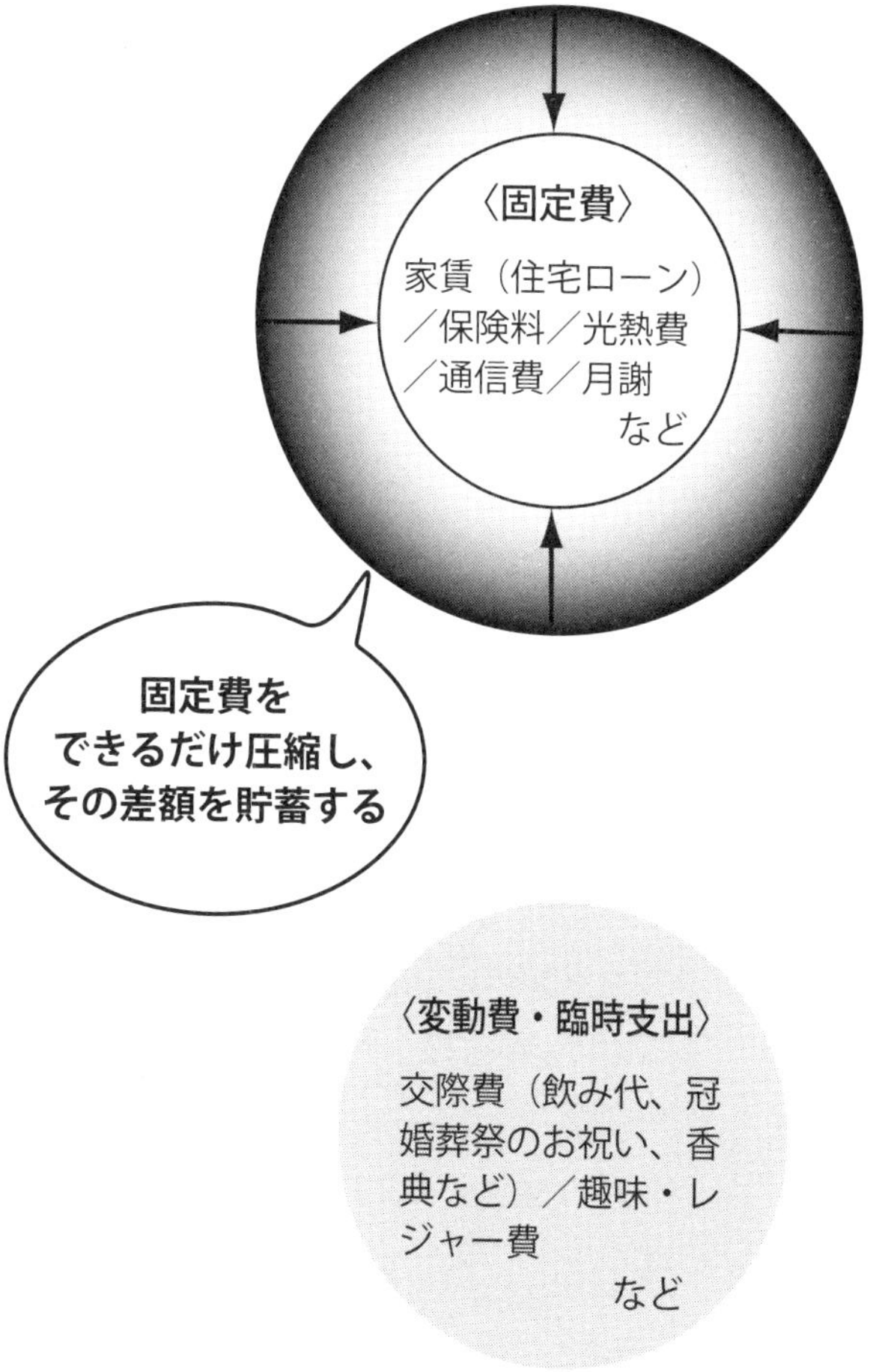

できないかを考えるべきだ。ほかの金融機関のホームページなどで調べれば、より好条件のものが見つかり、毎月の返済額を減らせるかもしれない。

ほかにも、保険の見直しや、子どもの塾で月謝が安いところを探すなど、じつは固定費には見直す余地がたくさんあるのだ。そして、そこから生まれた余剰は、毎月の変動費を切り詰めるよりもはるかに大きな額が見込める。

こまかい節約にこだわるのもいいが、目の向けどころをちょっとだけ変えてみるのも効果的な方法なのである。

どんな人も必ず貯金できる「仕組み」

毎月、一定額を積み立てるのは、貯蓄には有効な方法である。

とはいえ、積立て分のお金を手元に置いておいては、つい甘い誘惑にかられて使ってしまいかねない。

こんなときは、預金用の別口座に移すほうがいいのだが、これがけっこう面倒だ。うっかり移し忘れたら、積立ての額はいつまでたっても増えていかないだろう。

そんなときにオススメなのが天引きという方法だ。給料が出ると同時に、税金や社会保険料が自動的に差し引かれる、あの方法である。

たとえば、会社が「財形貯蓄」の制度を取り入れているなら、これを利用するのも手だ。財形貯蓄は、税金などと同じように給料から貯蓄分が天引きされるシステムである。

このシステムを利用すると、家を買うときに融資を受けられるなど、さまざまなメリットもあるので一考の価値がある。

「うちの会社は財形貯蓄なんてやってない」という人も心配は無用だ。銀行には「自動積立定期預金」といったサービスがあるので、こちらを利用してもいい。給料の振込日に積立てをするように設定しておけば、自動的に定期預金の口座に振替えてくれる。

これらの方法は手間がかからないばかりでなく、簡単には引き出せないというメリットがある。

普通預金だと、「今月はピンチだから、ちょっとだけ使ってしまおうかな」と結局使ってしまいがちだが、積立てはいちいち解約しなければならない。その手間を思えば、積立て分はなかったものとして、手持ちの範囲内でやりくりするほうがずっと楽だ。

「貯められない」と嘆いている人でも、このように半ば強制的に積み立てる方法をとれば、確実に貯蓄を増やすことができるのである。

節約がどんどん楽しくなる貯金箱ゲーム

「節約」というと、細かいことを切りつめていく、ケチケチした生活というイメージがつきまとう。

だが、節約とケチは似て非なるものである。

仮に、何か目的があって「この金額までお金を貯める」と決意した人がいたとしよう。ところが、倹約するためだといって毎回飲み代を友人に持ってもらったり、食事代やお茶代を彼女に出してもらっていたとしたら、目標額が貯まるころには友人も彼女も目の前から姿を消していることだろう。

単なるケチでは金銭的には得をしても失うものも大きい。節約とは必要な部分にはお金を使い、無駄を削っていくという作業なのだ。

そうはいっても、本人が「つらい」とか「たいへんだ」と思っていることは長続きはしない。それは節約も同じことだ。ただ、残念ながら、お金は一朝一夕に貯まるものではない。

そこで、節約をゲーム感覚で楽しんではどうだろう。

たとえば、１日目１円、２日目２円……と、１日１円ずつ増やして貯金箱に入れていくと、なんと1年で6万５０００円以上が貯まる。

また、パートナーがいるなら、２人で競争するのもいい。１００なり２００なりのマス目の表をつくり、貯金箱にお金を入れた日はマス目をひとつチェックする。

先にゴールしたほうが勝ちというわけだ。

あるいは、貯金箱をそれぞれ用意して、1年たってどちらが多く貯金していたかを競うというやり方もある。

勝ったほうがおごってもらうなどというルールにしておけば、いっそう熱が入るのではないだろうか。

とはいえ、節約のために自分の楽しみをすべてＮＧにしてしまうと、逆にストレスがたまってしまう。だから、週末だけはビールを解禁するとか、月に1度は友人と外食をするなど、自分で息抜きできるルールを設けておくのも節約を長続きさせるコツである。

「WHY」ではなく「HOW」で貯める

お金を貯めるというと、ほとんどの人はまず「○円貯める」という金額設定から

どちらが先に満パイに
できるか、よーいドン！
妻
夫
3万円
貯金箱
3万円
貯金箱

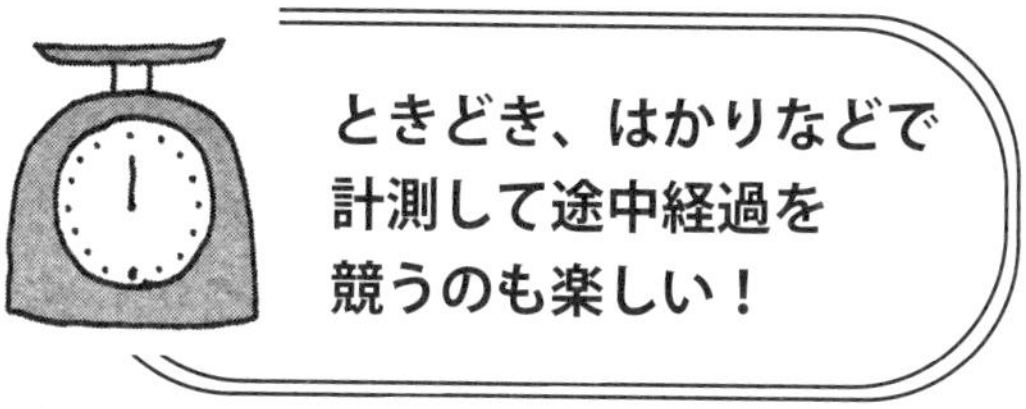
ときどき、はかりなどで
計測して途中経過を
競うのも楽しい！

入る。自分の収入に見合った貯め方を計画しているならそれはそれでいいのだが、単なる金額の目標よりも、いっそうやる気をかき立てる方法がある。

それは、「○○をやるためにお金を貯める」というお金以外の〝目的〟を設定することだ。

というのも、何をやりたいかによって、いつまでに貯めなければいけないのか、どのくらいの金額が必要なのかといった具体的な形が明確になってくるからである。漠然と「100万円貯める」というより、「1年後に海外旅行に行きたいから20万円貯める」というほうが目的がはっきりしている分、モチベーションも上がるというものだ。

また、それを1年後にやりたいのか、あるいは3年後に実現したいのかによって、そしてそれぞれの金額によって毎月の積立てだけでいいのか、投資も始めたほうがいいのかなど、よりベターな貯蓄方法も見えてくる。

まずは、自分が何を目的としてお金を貯めるのかを考えることが大切なのである。

このとき、「どうやったら収入を増やすことができるだろう」「どうすればキャリアアップできるだろう」と、「ＨＯＷ」の思考で考えるようにしたい。「なんで給料が上がらないんだろう」「どうしてボーナスが少ないんだろう」と、「ＷＨＹ」で考えるのはよくない。

「ＨＯＷ」のプラス思考なら、その先の目的を見つけやすいが、「ＷＨＹ」の思考では何の解決策も見出せないばかりかマイナスのスパイラルに陥ってしまう。

どんな小さな目的でもいい。どうやったら、それを達成できるのかを考えたほうが、お金は貯めやすいのである。

先のことよりむしろ目先のことを考えて貯めるといい

若いうちから老後のことを心配して、お金を貯めておこうという人はけっこういるものだ。もちろん、自分の人生設計をしっかりと考え、それに備えることは大切だ。イソップ物語の「アリとキリギリス」ではないが、何も考えずに楽しく遊び暮らしていたために、あとで困窮してしまうというのでは困る。

しかし、1年後、3年後、5年後といった近未来の自分をすっ飛ばして、何十年も先のことにとらわれすぎるのはいかがなものか。

お金を貯めたいなら、「今」のお金や経済状況の情報に敏感でなければならない。たとえば、「この企業は給料が高い」「この会社は自分のスキルを活かせる」という情報がわかれば、数年先の転職やキャリアアップの展望が開ける。数年後のステップアップは、その先の安心や増収にもつながるだろう。

そのために資格を取っておいたほうが有利だとしたら、「資格を取るために専門学校に通うのはお金がかかるし、必ず転職できるとは限らない」「その分を貯めておいたほうがいいんじゃないか」と、尻込みしてしまうのは考えものだ。

資格があるおかげで給料のいい会社に転職できれば、元が取れるばかりか、プラスアルファまでついてくるはずである。

もし、転職しなかったとしても、今いる会社での昇進が早まるかもしれない。数十年先に備えて漠然と貯蓄をするよりも、今の自分にお金をかけたほうが結局は得

営業職

《関連講座》

・ビジネス会計
・簿記
・パソコン
・中小企業診断士
ほか

事務職

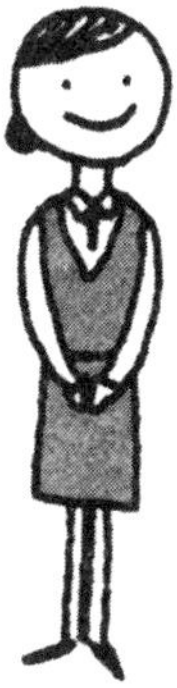

《関連講座》

・税理士
・医療事務
・企業年金総合プランナー
・ビジネス文書
ほか

3年以上、雇用保険に加入している在職者は、対象の資格講座を受講すると受講料の一部をハローワークから支給される制度がある！

になる。

自分のやりたいこと、興味のあることを見つけたら、それについての情報を集め、必要ならばお金を使うことも大切だ。3年後、5年後の自分があってこそ、30年後、40年後の未来が開けるのである。

財布の中のお金には利息がつかない

あなたは財布の中にどのくらいの現金を入れているだろうか。「不測の事態に備えて、少し余分に入れている」「給料日前だからギリギリ」など、人によってまちまちだろうが、覚えておいてほしいのは、財布の中のお金には利息がつかないということだ。

「この低金利の時代に、利息なんて微々たるもの」という意見も、ごもっともである。

たしかに、金利が数パーセントもあった高度経済成長期とは比べるべくもないが、それでも預金しておけば何もしなくても利息は必ずついてくる。その点、財布の中のお金は出ていくだけで、1円のプラスにもならない。

たとえ、得るものがわずかな金額だったとしても、預金しておいたほうが絶対に増えるのである。

しかも、財布の中の現金はクセモノで、あればあっただけ使いたくなってしまうもの。懐が暖かかったから、つい衝動買いをしてしまったなんて経験は誰でもあるだろう。

ずっと欲しかったものなら話は別だが、衝動買いは「ふと目に留まったから」「安かったから」などという理由でしてしまうことが多い。その結果、あまり使わなかったり、すぐ飽きてしまったりする。

こんな無駄遣いをしないためには、財布の中には必要最低限の現金しか入れないことを心がけよう。「1日○円」と決めて、その範囲内でやりくりするのもいい。1日の金額を越えるものは当然買えないし、何かを買うときでも本当に必要なのか考えるようになる。

手持ちの現金は少なめに、残りは預金しておくことをぜひとも習慣にしたい。だからといって、カード払いでどんどん買い物をしてしまっては元も子もないので、ご注意を。

夢に優先順位をつけると貯めるモチベーションが高まる

お金を貯めるときに、何かをやりたいという目的を持つことが大きなモチベーションになる。

そこで、やりたいことをいったんノートに全部書き出してみよう。

1年先のことだって見通すのが難しいのに、10年後、20年後のことまでわからないと思うかもしれないが、〝夢〟でかまわないのだ。

「5年後には結婚したい」「10年後にはマイホームを買いたい」「3年後には海外留

学をしたい」など、思いつくままに10項目くらいは挙げてみる。

今度はそれに、どのくらいのお金がかかりそうか考えてみる。もちろん、遠い将来には物価や経済状況が変わっているかもしれないから、あくまでも予測でかまわない。

その合計が、あなたの夢に必要な金額である。「こんな大金、貯められっこない」と、思わぬ金額が算出されて、びっくりしてしまった人もいるだろう。

現実問題として、夢の実現にはお金がかかり、それを貯めるのは容易なことではない。将来を予測し、それに向けてお金を貯めるのは有効な方法だが、限界はある。

そこで、どうしてもはずせないのはどれか、後回しにしてもいいのはどれかということを考えながら、もう一度夢リストを見直してみる。つまり、夢に優先順位をつけるのだ。

どれを優先すればいいのか迷ってしまうなら、とりあえず10年後に自分はどうなっていたいかを考えてみるのもいい。そうすれば、目標に向かうために必要な夢が自ずと見えてくる。

直近のものから優先してしまうと、あとで本当にお金が必要になったときに蓄えがないということにもなりかねないので、あまり欲張りすぎないようにしたい。

驚くほどの効果を発揮する「つもり貯金」

給料前に、同僚から「今夜は一杯やっていこう」と誘われて、二つ返事でＯＫしたものの、財布をのぞいてみたら、「あれっ？」なんていう覚えはないだろうか。たまには同僚や友人とお酒を飲んだり食事をしたりして、ストレスを発散することも必要だが、これが度重なるとお金は出ていくばかりだ。家計には痛い出費となってしまう。

そこで、何回かに1回は断ることも心がけよう。「ほかに約束があって」と言えば、角も立たないはずだ。

とはいえ、せっかく浮いた飲み代も財布に入れっぱなしにしておいては、いつの

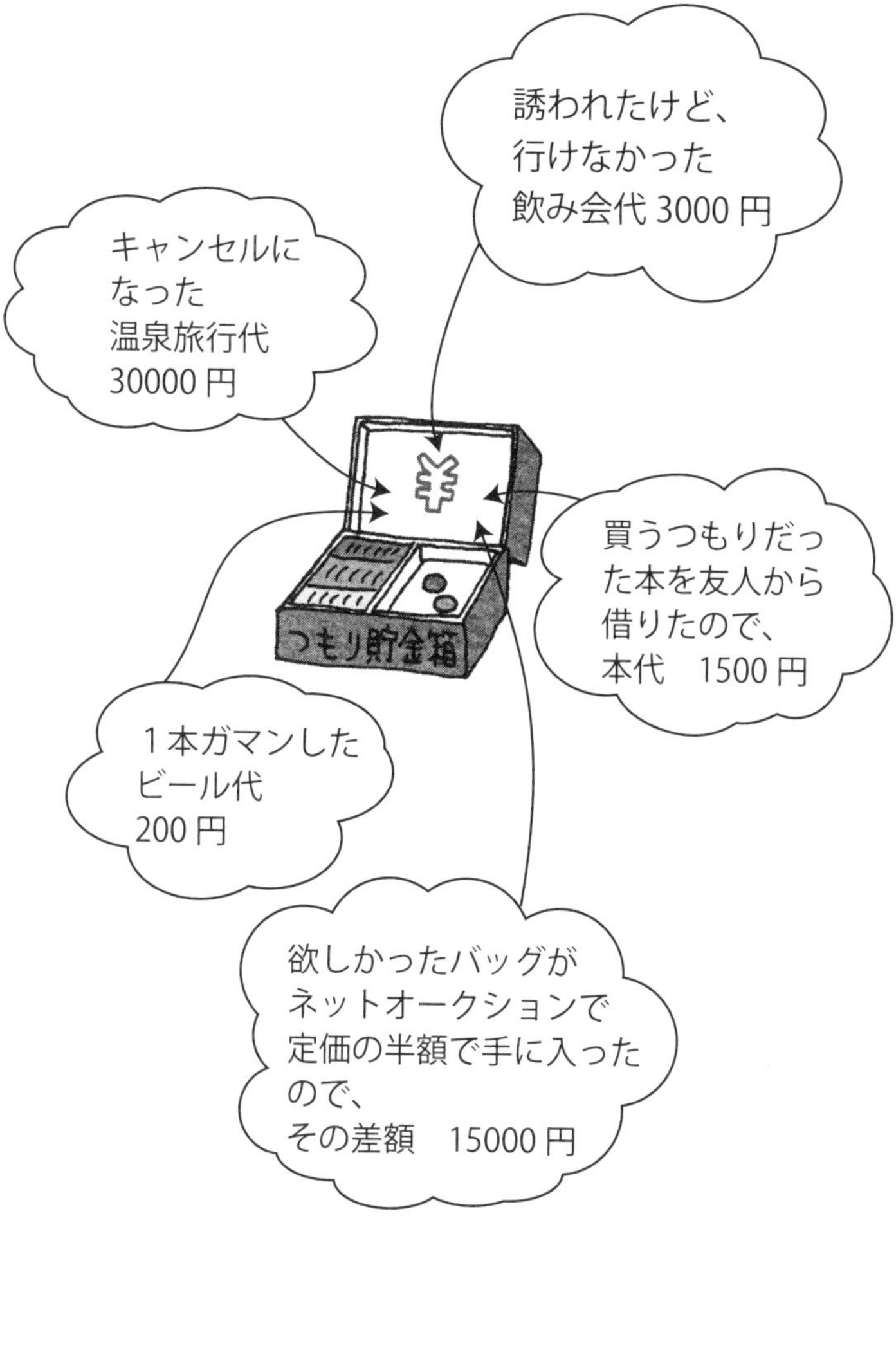
誘われたけど、
行けなかった
飲み会代 3000 円
キャンセルに
なった
温泉旅行代
30000 円
つもり貯金箱
買うつもりだった本を友人から借りたので、
本代　1500 円
１本ガマンした
ビール代
200 円
欲しかったバッグが
ネットオークションで
定価の半額で手に入ったので、
その差額　15000 円

間にか使ってしまう恐れがある。

そこで、これを「つもり貯金」にしてしまうのだ。

「つもり貯金」とは、「飲みにいったつもり」「旅行にいったつもり」という具合に仮定して、その分のお金を貯金することである。もちろん、いちいち銀行に預けにいく必要はない。貯金箱を利用すればいいのだ。

このつもり貯金、一つひとつは大きな金額でなくても、積り積ればけっこうな額になる。なかなか侮れない方法なのだ。

何をした「つもり」になるかは、工夫しだいでいくらでも考えられる。家でコーヒーを飲んだら「喫茶店に行ったつもり」、自分で洗濯をすれば「クリーニングに出したつもり」、弁当を持参したら「コンビニ弁当を買ったつもり」……など、何でもいい。

また、駅までバスに乗ったつもりで歩けば、健康にもいいというオマケまでついてくる。

貯金箱だとお金が貯まっていくのが実感できるので、楽しさもどんどん増していく。ゲーム感覚でできるのでストレスにならないつもり貯金、取り組んでみて損はないはずだ。

ローンがあってお金がなくても貯金する技術

できるだけ借金はしたくないと思っていても、住宅や車など値の張るものはなかなか即金で払うというわけにはいかない。そこで、たいていはローンを組むことになる。

「毎月、ローンの返済だけで手一杯。とても貯金する余裕なんてないよ」という人もいるだろう。

ローンがある間は、もちろんその返済が最優先だ。期間が長くなればなるほど、余分な利息を払わなければならなくなる。

しかし、ローンを払っている人でも、お金を貯めるのは不可能ではない。

たしかに、苦しい家計の中から1万も2万もひねり出すのは難しいかもしれない。だったら、月に3000円でもかまわないので、とにもかくにもまずは貯金を始めてみよう。

「それじゃあ、100万円貯まるまでに30年近くもかかるじゃないか」なんて、マイナス思考はこの際ご法度である。ここで大事なのは、貯金をする習慣をつけることなのである。

逆に、3000円の余裕もないという人は、ちょっと自分の生活を見直してみるべきだ。

たとえば、1本100円の缶コーヒーを毎日買っていたら、ひと月で3000円になる。

つまり、1日100円の無駄をなくすだけで、貯金分があっという間に確保できてしまうのだ。

3000円程度だとふだんは何気なく使ってしまうかもしれないが、それを貯金するとなると、自分のお金を大事に扱おうという気持ちが生まれてくる。そうすれば、ローン自体も金利の低いところに変えようとか、早い時期に返済できるように計画を見直そうという考えに変わるものだ。

また、毎日、1日の終わりにサイフに余った小銭を貯金箱に貯金するというのも手軽にできて意外と貯まる方法である。

積み立てる金額は、可能な範囲で徐々に増やしていけばいい。余裕ができてから猛ダッシュしようと考えるより、ゆっくりでもいいからコツコツと貯めていくほうが確実にお金は増えていくのである。

資産の運用は「タスキがけの法則」でリスクを避ける

投資をして資産を増やしたいがリスクが怖い、とは誰しもが思うことだ。だからといって、リスクの小さいものばかりに投資しては、リターンも少なくなってしまう。

運用のリスクを軽減するには、いくつかに分散して投資するのがポイントであることは前述したが、できるだけリスクを減らして少しでも多いリターンを求めるなら、「タスキがけの法則」を利用するといい。

これは、値動きの違う銘柄のどちらにも投資するという方法だ。

投資の対象はおおまかにいって、「日本株式」「日本債券」「外国株式」「外国債券」に分類できる。

そして通常、日本株式と外国債券は異なった値動きを見せることが多い。日本株式が上がっているときには、外国債券は低調になるという具合である。

つまり、この組み合わせで運用をすれば、一方が下がっても、もう一方でその損失を補塡できるということなのだ。これは、外国株式と日本債券の組み合わせでも同じことがいえる。

あるいは、同じ日本の銘柄でも、国内に強い企業と輸出で力を発揮する企業ではやはり値動きが異なる。

このように対照的な値動きを見せる両方に投資をすると、トータルで見るとリターンが少なく思えてしまうかもしれない。

しかし、ひとつの銘柄に集中して大きな損失を出すよりは、ずっとリスクが低くなり、安定したリターンを得ることができるのである。

意外と使える「子どもの頃つくった郵便局の口座」

はじめて自分でつくった口座は郵便局だった、という人は案外多い。子どものころにもらった毎月のお小遣いやお年玉を貯金するために、全国どこにでもあって利用しやすかったのがその理由だろう。

子どもながらに窓口で名前を呼ばれたり、キャッシュカードを持たせてもらったりしてうれしかったのは、今や懐かしい思い出だ。

そんな郵便局の口座だが、意外に〝使える〟のをご存じだろうか。

もしも、昔のキャッシュカードや通帳を探してみてあるようなら、まだ使えるか、一度試してみてほしい。

2007年の郵政民営化にともない「ゆうちょ銀行」と名前こそ変わったものの、口座自体はそのまま引き継がれているので、子どものころにつくった口座が今になって再び活躍するかもしれないのだ。

ゆうちょ銀行でも他の銀行と同じように、インターネットや携帯電話から24時間いつでも利用できて、簡単に振込みなどを行うことができる「ネットバンキング」を利用できる。

ほかにも、同じゆうちょ銀行の口座同士ならば送金に手数料がかからなかったり（1カ月5回までは無料）、有料だが他行の口座への振込みや、定額貯金や定期貯金の預け入れなどのサービスを行っている。

ちなみに、ゆうちょ銀行のネットバンキングの利用には申し込みが必要なだけで、とくに手数料などはかからないのも利用しやすい点だ。

メインバンクとしてはもちろん、ネットショッピングやネットオークションを利用する際の〝第2の口座〟として再び利用してみるといいかもしれない。

光熱費・通信費…固定費の賢い払い方

「固定費」といわれて何に対しての支払いを想像するだろうか。電気・ガス・水道などの光熱費や、最近では携帯電話の利用料金やインターネットプロバイダーの利用料金なども固定費のなかに含まれる。

こういった、毎月決まって支払うなかなか削ることのできない費用を少しでも抑えるためには、クレジットカードでの支払いをおすすめしたい。

固定費の支払いには銀行口座からの引き落としを利用している人は多いだろう。毎月届く明細書を手にコンビニエンスストアなどで支払うよりは手間はかからないが、さらにこれをクレジットカードでの支払いに切替えることで、支払い額に応じてカード会社のポイントを手に入れることができるのだ。

特典の一例を挙げると、貯まったポイントで商品と交換できたり、またキャッシュバックをしてくれるケースがある。

交換できる商品も生活用品や調理器具から、図書カードやデパートの商品券などの金券までさまざまで、選ぶ楽しみもある。

また、どのカード会社もポイントの交換率はおおむね使用額の5パーセント程度の換算になる。

たとえ毎月1〜2万円程度でも、年間で考えるとそれなりの額としてまとまってくるというわけだ。

また、毎月の支出を管理しようといざ家計簿をつけようとしても、たまったレシートや請求書を管理しきれずに挫折してしまうのはよくある話だ。

たしかに、水道局や電力会社などから送られてくる請求書では管理するのにも手間がかかる。

だが、クレジットカードでの支払いにしておけば、カード会社からの明細で一括管理できるというメリットもある。

最近では、公共料金ならたいていクレジットカードで支払うことができるようになった。さっそく、今利用しているカード会社の情報をチェックして検討してみてほしい。

ＬＯＴＯにハマる人が陥っている「コントロール幻想」の謎

宝くじが売り出されると、発売初日や大安吉日の窓口にずらっと行列ができているのを目にする。

一攫千金を狙って宝くじやＬＯＴＯを買う気持ちは大いにわかる。コツコツ貯めるのがバカらしいわけではないが、まとまったお金を手にした将来を妄想して夢を見るのは悪くないものだ。

ところで、宝くじとＬＯＴＯではどちらが当たりやすいかといえば、種類にもよるので一概にはいえないが、ただ決定的な違いはＬＯＴＯは自分で数字を選べるという点だ。

宝くじも自分で選ぶことはできるが、すべての数字を希望通りにすることはできない。

そのため、人によっては自分で選べるLOTOのほうが当たりやすいと感じるのではないだろうか。

この心理は「コントロール幻想」と呼ばれるバイアスの効果で、本来は自分のコントロールが及ばない領域のものでも、自分が影響していると感じてしまうことを意味する。

たとえば、パーティのビンゴゲームで、「あらかじめ決まっている賞品」がもらえるのと、「箱に入った3つの賞品のうち、どれか1つを選ぶ」の2択があったら、後者のほうが嬉しいという人は多いのではないだろうか。

このバイアスは、手にしたものが当たりだろうがはずれだろうが納得しやすくなるが、一方で射幸心も増幅する。

宝くじが「どうせ当たらない」とあきらめやすいのに対し、LOTOは「今度こそ!」という心理に陥りやすい。

今まさにハマっているという人は、自分の置かれた状況を見つめ直したほうがいいかもしれない。

歯止めの効かない浪費癖に陥りやすい「ディドロ効果」とは？

その昔、ある男が新しいガウンを友人にプレゼントされた。それまで男が手にしたことのないような高級なガウンである。

そのガウンに魅せられた男は、それまで自分が持っていた古いガウンはおろか、部屋にあるもののすべてがムダなものに思えて、新しいガウンの価値に見合う調度品や時計などを次々と買い揃えた。

この結果、得たものといえば「自分らしくない居心地の悪い生活」と「借金」だった……。

これは、18世紀のフランスの哲学者、ドゥニ・ディドロの『古いガウンを手放したことについての後悔』という自著に掲載されていたものである。

以来、新しいものを手に入れると、それに合わせて新しいものを買い揃えたり、趣味のグッズを次々と購入してしまうことは、専門分野では「ディドロ効果」と呼ばれている。

誰でも新しいスーツを手に入れたら、それに合ったシャツ、ネクタイ、靴が欲しくなる。これ自体は珍しいことではないのだが、手持ちのものが急に野暮ったく見えて、クローゼットの中身をすべて新調したくなるくらいの極端な衝動は危険極まりない。

また、ゴルフを始めようとなった時に、最初から高いウェアやクラブを買い、果てはゴルフ場に通うクルマまでも買い替えてしまうような、形から入るような人もアブない。

このディドロ効果は歯止めがきかないと悪いクセになりやすい。そんな傾向が少しでも現れた時には、それは本当に自分に必要なのか、一度立ち止まってみる習慣をつけてみたい。

「ワンコイン・ビジネス」のメガネで世の中を見てみると…

５００円ポッキリというと、以前はランチメニューなどがメインのサービスだった。ところが、今ではさまざま業種にワンコイン・ビジネスが広がっている。たとえば５００円でできることを検索してみると、軽自動車を１時間レンタルできたり、英語のグループレッスンを１時間受けたり、フットサルも１人につき５００円で１時間プレイすることもできる。

〝ワンコイン〟というのは、やはりインパクトがある。しかも、自動車やスポーツ施設など、けっして安くないと思っているものがたった１枚のコインで借りられるとなると試してみようと思う人は多いだろう。

さらに、月額たったの５００円でホームセキュリティを提供するサービスもある。この会社では標準の月額利用料を５００円にして、さらに４８０円のオプション費用をつけると、警備員の駆けつけサービスが利用できる。

オプションコースでは、実際に警備員が出動した場合だけ1回5000円が加算されるシステムをつくった。

インターネット回線を使って危険を知らせるためのセキュリティ機器を開発し、警備は地元の警備会社と提携することにより、自社で警備員を雇ったり警備車両を用意するためのコストをゼロにしたのだ。

また、ターゲットも今までホームセキュリティサービスとあまり縁がなかった1人暮らしの学生が暮らすような賃貸物件に絞り込み、あっという間に契約数を増やすことに成功している。

また、糖尿病や肝機能、中性脂肪など気になる数値を1項目500円でチェックできる予防医療に特化したサービスはすでに定着している。

これは全国のショッピングセンターなどを移動しながら展開していて、買い物ついでに気軽に立ち寄れることから毎月2000〜3000人に利用されているという。

〝ちょっと〟のサービスを多くの人に提供できるワンコイン・ビジネスは、今後もまだまだ開発の余地はありそうだ。

「職務経歴書」を侮ってはいけないそのワケは？

転職をする時に、履歴書以上に採用の決め手となるのが「職務経歴書」だ。この職務経歴書の埋まり具合で転職先での年収も左右されてくるから、「履歴書の職歴欄と同じ内容を繰り返して書けばいいか……」なんて消極的なことを言っていたら大損することになる。

ポイントはいかに具体的かつ印象的に自分をアピールできるか。採用担当者に好印象を残すには「Ａ社の営業部に配属されＢ地区を担当。１年間で１０００台の販売実績を上げ、売上を前年比１２０パーセントにする」などと具体的に記入することが何より重要だ。

このように数字を示すのはもっともインパクトのある方法のひとつだ。売上実績や利益、販売台数、顧客数などが明確に記されていると、雇用する側も「これだけの利益を上げられるなら年収700万円を与えても惜しくない」と高い査定をしてくれることになる。

一方でよくないのは「顧客に信頼され売上大幅アップ」とか「A社の営業部にてトップセールスマンとして活躍」など、どれだけの実績を上げたのかが具体的に見えてこない職務経歴書だ。

こうした書き方だとこの人物が会社にどれだけの利益を与えるかが見当もつかず、採用担当者も年収の査定がしにくい。

仮に転職に成功したとしても「年収500万円程度でいいかな」と転職前より安く値踏みされかねない。

同じ人物でも職務経歴書の書き方で転職後の年収が数十万円、数百万円の単位で違ってしまうハメになるのだ。

たとえば、職務経歴書の書き方のひとつで年収に100万円の違いが出たとしよう。するとその後の昇給への影響もあり、その差は10年後には1000万円以上、20年後には2000万円以上となって新築の戸建住宅が1軒買えるくらいの差がつくことになる。

職務経歴書をたかが紙切れ1枚と侮ってはならないのである。

そのほか職務経歴書を書くうえでの注意点としては、いくら正直に書かなくてはいけないといっても、あえて入れる必要のないマイナスの材料まで書かないことが大事だ。

また、反対にアピールしすぎて、くどい内容になるのもよくない。単純なようだが、採用担当者がわかりやすく読みやすい職務経歴書にすることが転職成功のカギとなる。

人材紹介会社などではキャリアコンサルタントが職務経歴を見て適正年収を教えてくれるサービスもあるから、それらを利用してあらかじめ自分のアピールポイントや適正年収を把握しておくのもいいかもしれない。

職務経歴書の書き方しだいで、転職後の年収大幅アップも夢ではない。

会社の〝リズム〟を正しく掴むのが成功への第一歩

「会社を辞めるならボーナスをもらってから」というのはサラリーマンの本音だろう。よほどの理由でもない限り、半年間がんばって働いてきた分の賞与を受け取ってから辞めたいと思うのは当然だ。

となると、一般的な会社であれば、ボーナス月の翌月である1月と7月が辞めどきにあたることになる。

じつは1月と7月から数カ月は、転職を考えている人にとってはボーナス面以外でもチャンスの時期でもある。多くの企業が、この〝辞めどき〟を見計らったように中途採用の求人を出す傾向にあるからだ。

ある転職サイト情報によると、1年間でもっとも求人数が増えるのは1月と7月からの3カ月間。ボーナスをもらって退社する社員の欠員を補充するというわけだ。

そして例年ピークを迎えるのが３月と９月。これは３月と９月を決算月にしている企業が多いのも理由のひとつだ。

つまり決算が終わり、次のプロジェクトに向けて企業が新たな人材を求めて動き出すのが３月と９月というわけ。

ちなみに東証一部上場企業でも９月を中間決算、３月を本決算としている企業は８割に上るという。

だから、やりがいのあるいい仕事を見つけたかったら、この時期の求人チェックは欠かさないことだ。

ちなみに、業界によって決算期が異なっていることも知っておこう。たとえば百貨店やスーパーなどの流通業界はほとんどが2月決算だし、日本のビール大手４社はそろって12月決算だ。

世界にグループ会社を持つ製薬会社など、いわゆるグローバル企業といわれる会社にいたっては、12月を締めとする海外の共通基準に合わせているところが多い。業界を絞って仕事を探すなら、決算期は把握しておきたい。

そして、辞めると決めたら転職活動はくれぐれも早めにスタートするに越したことはない。いくら求人が増える時期だからといって、まだまだ社会全体の有効求人倍率はそれほど高くないし、いい仕事にはみんなが飛びつくので応募者が集中すること必至だ。

このご時世、12月にボーナスをもらって翌1月に退社、2月くらいからのんびり転職活動をしようなんて悠長なことを考えている人はいないと思うが、転職でステップアップを考えているのなら、すぐに動き出せるように常に新聞の求人欄や求人サイトなどをチェックするなど早めの準備を心がけたい。

時機を逃さないスタートが転職成功の近道になるといえるだろう。

結婚か、独身か…「税金」からみたら結婚が得!?

景気が多少上向いてきたからといって、すぐに給与に反映されないのがサラリーマンの厳しいところ。そのうえ、年金など引かれる社会保険料は増える一方で、ここ数年は手取りが増えるどころか現状維持、なかには減る一方というサラリーマンも少なくないのが現状である。

しかし、同じ会社に勤めて同じ給与基準でありながら、独身社員と、結婚して所帯を持っている社員とでは、手取り額がかなり違うのを知っているだろうか。

その差を生んでいるのが納税額だ。会社員の場合、税金に関する手続きは会社がやってくれるので納税意識が薄いかもしれないが、給与明細を見てみると毎月確実に、けっこうな額の税金が給与から差し引かれているのだ。

そして、その税額は同期で同じ基本給や手当が支給されていてもみんな同じというわけではない。

現在の日本の税制では、配偶者や子供、老親など扶養家族が一人増えるごとに納める所得税や住民税の控除額が増えていくシステムになっている。じつは税制上、かなり優遇されているのだ。

つまり、手取り額が多いのは所帯持ちのほうで、扶養家族のいない独身者は基礎控除額以外の税金を丸々納めなければならないのに対し、所帯持ちは、扶養する家族が増えれば増えるほど納める税金が軽減されるというわけだ。

さらに会社から出る妻と子の扶養手当、さらに自治体から支給される児童手当（年齢や出生順によって1人あたり1万〜1万5000円）をプラスすれば、月額にして数万円の差が出ることになる。

とはいっても、独身者にとって所帯を持つということは、イコール自分の自由になるお金が減ることにつながる。

しかしものは考えようで、ほとんどいつも外食で済ませているサラリーマンなら、昼食は弁当を持っていったり、夕食は自宅で食べたりするようにすれば、かなりの節約が可能になる。

子供が成長して手が離れれば、今度は2人で稼いで世帯収入を増やすこともできるのである。

シングルに寂しさを感じてきたという人は、そろそろ所帯を持ってはどうだろうか。収入が増え家族を持つことで毎日が楽しくなるはずだ。

住めるならやっぱりお得な「社宅」のメリット

大手企業の社宅に住んでいる会社員と、自分でアパートを借りて住んでいる会社員とではどちらが経済的にゆとりがあるか。答えはもちろん社宅に住んでいる会社員だ。

なにしろ大手企業の社宅は安い。たとえば、個人で借りると月々10万円以上はするような３ＬＤＫに、たった３万円程度で住めたりするのだ。

これだけでも毎月７万円多く給与をもらっているようなものである。この７万円をなかったものとして貯金していくと年間84万円、５年で４２０万円が貯まる計算になり、これを頭金にして20代でマイホームを買うことも夢ではない。

「10万円の部屋を借りているが、うちの会社は７万円の住宅手当が出るから社宅に住んでいるのと同じだ」という人もいるかもしれない。しかし、それでもなお社宅に住んでいるほうが得だ。

なぜなら、住宅手当として支給される7万円は所得税の課税対象になるが、社宅のほうは実際にお金が支給されているわけではないので所得税がかからないからだ。

そう考えるとちょっとした生活のゆとりが得られるので、やはり社宅のほうがお得感は大きい。住宅にかかる自己負担額に違いはなくとも、やはり同じ住むなら大手企業の社宅がいいというわけだ。

「海外勤務はメリットがいっぱい」のウソ、ホント

社員を長期間海外に赴任させる企業は今や大企業だけに限らない。製造業からIT企業まで多くの中小企業が、より安い労働力を求めて工場を国外に移転したり、海外に営業拠点をつくるため社員が海外に派遣される機会も増えてきた。

海外勤務の経験があると帰国後のキャリアに大きなプラスになるといったメリッ

トがあるが、いいことはそれだけではない。

海外勤務中は基本給に「海外手当」などがプラスして支給される会社が多く、赴任先によっては手当だけで暮らしていける地域もあり、基本給は手をつけずに貯蓄することができる。

つまり海外勤務が長くなればなるほど、国内勤務者との貯蓄額に大きな差がつくのだ。

各企業で定められた海外給与体系にもよるが、あるメーカーでは「海外基本給」と「国内基本給」、子供の教育費である「子女教育手当」、そして「海外手当」がついて年収は35歳で約８７０万円になるという。

しかも、タイやインドネシアなど東南アジア地域に赴任した人の場合、物価が安いため海外手当だけでプールつきの家にメイドや運転手まで雇うリッチな生活を送っていたケースも珍しくない。

こうなると、節約とは無縁の生活をしながら１０００万円を貯めるのに4年とかからない。貯蓄のために節約生活を余儀なくされている国内勤務のサラリーマンにとってはうらやましい限りだ。

ただし物価の高いロンドンやニューヨーク、中国でも上海などの都市部ではやはりそれなりの生活費が必要になったり、手当が増えた分、基本給が下がって結局大してお金は残らなかったということもある。

だが、海外生活を体験すると視野が広くなってものの見方が多角的になったり、語学力が向上したりと金銭面以外でもメリットは大きい。今働いている会社で海外勤務のチャンスがあるのであれば、給与体系もしっかりとチェックしつつチャレンジしてみるのも悪くないだろう。

自分の会社が「ヤバイ」かどうかをひと目で見抜く方法

ある日突然、自分の会社が倒産したら……。自社に限ってそんなはずはないと思っていても、世の中いったい何が起こるかわからない。いきなり路頭に迷うなんてことにならないように、常に会社の経営状態には気をつけておきたいところだ。

では、あぶない会社はどこで見分ければいいのか。財務諸表をじっくりチェックして業績を分析するのもいいが、これは素人には難しい。もっとも簡単に会社の危険度を知るなら、まずは自社の「株価」をチェックしたい。

企業の株価は将来の予測を先取りするものだ。たとえば株価が100円を割るとあぶないといわれる企業が50円を割り込む状況が続いていたら、これは危険シグナルと見て間違いない。適正な株価は企業によって異なるものだから、日ごろから自社の株価の推移に注目して平均的な値動きを把握しておきたい。

業績面では一時的に回復を見せたとしても、相変わらず株価がぐんぐん下がっているようなら、それは市場が業績以外のマイナス要因を見て「回復は一時的なもの」とネガティブな評価を下した証拠だ。

こうなると株価低迷に伴って会社の時価総額も下がり、やがては上場廃止の末に倒産なんていうシナリオも現実的になってくる。

下がった株価を見て「今、自社株を買っておけばもしかして儲かるかも」なんて考えるよりは、早めに次の転職先でも探す努力をしたほうが賢明だといえる。

上場していない中小企業の場合は、「社内の雰囲気」や「営業内容」「社長の態度」などから会社の危険度を測ることもできる。

たとえば、役員会議の回数がやたらと増えた、幹部や経理財務部門の中枢にいる社員などが次々と退社していく、社長室や役員室へ弁護士の出入りが激しくなった、取引先が急に変更になった、賃金カットが行われた……などの動きがあったら、会社が危険な状況に陥っているかもしれないと疑い始めてみたほうがいい。

さらに社長が取り次ぎの電話に出たがらなくなったり、居留守を使い始めたら状況はますます悪化していると考えられる。

こうなってくるとボーナスが出なくなったり、給料の支払いが遅れたりするなど自分の身に実害が及んでくる日も遠くない。

そのうち社長が急に姿を消してしまった、いつも通り出勤したら会社が倒産していた、そんな事態になったらもう手遅れだ。そうなる前に数々のシグナルを敏感に察知して、身の振り方を早急に検討しよう。

最近よく聞く「純金積立」って一体何？

不況時ほど強いといわれるのが「金」だ。といっても、もちろん「カネ」のことではない。「純金」のことである。

その理由は、金融商品に比べて価値がゼロになることはけっしてないからだ。今まではどちらかといえば富裕層の投資のイメージが強かったが、長引いた平成不況のおかげか、現在では一般の投資家でも気軽に行える「純金積立」が思いのほか充実している。

扱っているのは大手貴金属店や鉱山会社など。月３０００円からという手軽な予算で購入できるうえ、最近ではインターネットでの取引も可能になり、若いビジネスマンやＯＬ層にも人気がある。

買いつけは、月々の購入金額を１カ月の営業日数（金を買い付けられる日数）で割り、毎日一定の額で純金を購入する「ドルコスト平均法」が用いられる。

具体的には、仮に1カ月3000円の積み立てで、1カ月の営業日数が20日だとすると、1日の買いつけ額は3000÷20で150円。つまり150円で購入できる純金を毎日コツコツ積み立てていくのである。

1カ月ごとにドカッとまとめて買わずに、毎日わざわざ少しずつ買いつけるのは、いうまでもなく相場が日々変動するから。したがって、同じ150円でも今日と明日では買える金の量は異なる。

同じ投資でも株などは大暴落すればタダの紙くずになってしまうが、金は品物として確実に残るうえ、国内だけでなく世界中で通用するというのが大きい。

換金して利益を上げたり貴金属に換えてもいいし、もちろん純金（ゴールドバー）そのものを手に入れることもできる。

こうなれば、いいことづくめのように聞こえるが、もちろん注意しなくてはならない点もある。それは年会費や買いつけ手数料、売却手数料などの各種手数料だ。

これらは最初から頭に入れておかなくてはならない必要経費なので、会社選びの比較材料としてチェックしておくといいだろう。

保険を乗り換える時の大事な注意点

生命保険に加入する際、魅力的に感じるのが「特約」だろう。たとえば医療特約がついている保険に入ると死亡時に保険金が下りるだけでなく、万一病気やケガで入院しても入院費などが保険金として支払われるからだ。

ただ、この特約も加入者の年齢によってその求められる内容が変わってくる。

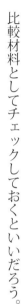

子供がまだ小さければ将来の教育費のことを考えて入学祝い金の出る特約がいいだろうし、子供が成長して社会人になってしまえば、今度は自分の老後のために介護保障の特約に魅力を感じるにちがいない。このように加入者が人生のどのステージにあるかで欲しい特約が違ってくる。

しかしながら、生命保険の特約は途中で内容を変えられない。このため、もし新しい特約が欲しくなったら別の保険に入り直さなければならないことになる。そこで保険会社が提案してくるのが保険の「転換」だ。

転換とは現在の生命保険（終身保険）を解約して、この時支払われる「解約返戻金」を新しい保険の掛け金に充当すること。平たく言えば、それまで加入していた保険を下取りしてもらって新しい保険に入るわけである。

仮に転換で解約返戻金が40万円あったとすると、これを新しい保険に払い込むことで、新規加入なら毎月2万円かかる保険料を1万7000円程度に抑えることもできる。こうしてみると生命保険は乗り換えたほうが得なようにみえるかもしれないが、じつはよく調べないと大きなデメリットもある。

まず、転換しても保険への加入年齢が上がっている場合は保険料が減らず、そればかりか逆に高くなる可能性もある。

さらに、入り直した保険をなんらかの都合で解約すると、今度は解約返戻金がわずかしか戻ってこない場合さえあるのだ。

そこで、もし転換して保険を乗り換えようと思うなら、まず解約返戻金が転換後の保険でどの程度戻ってくるのか調べてみる。戻り率が悪ければ別の保険に新しく入ったほうが得だ。

また、保険料の支払い期間もチェックする。場合によっては、これまで60歳が満期だったものが新しい保険では75歳が満期になっている可能性もあるからだ。

保険の専門家は、保険の乗り換えにあまりメリットはないと指摘しており、安易な転換はしないほうがいいだろう。

「月末になるとなぜかお金がない…」を解決する方法

大きな買い物をしたわけでもないし、豪遊をしているわけでもない。それなのに、「今月もまた残らないんだよなあ……」ということも案外多い。

ここで、「やっぱり給料が少ないせいだ」という結論を出すのはちょっと待ってほしい。それよりも、「では、何にお金を使ったの？」と自問してみよう。たいてい「何に使ったかよくわからない」という答えが出てくるのではないだろうか。

お金を貯めようとする場合、この〝使途不明金〟は大敵である。まずは、何にお金を使っているのか、どのくらい払っているのかといった、自分のお金の流れをしっかりと把握したい。

詳細を確認するためのテクニックは別項で述べるとして、ここではお金の大きな流れをつかむための手っ取り早い方法を紹介しよう。

1カ月分の給料を銀行に預けずに手元に置き、生活していくうえで必要なものをすべて現金で支払ってみるのである。

銀行口座からの引き落としやカード決済をしていると、どうしても自分が払った金額を実感できない。

しかも、口座には前月からの繰り越しが残っているから、実際にひと月分の給料でどんなやりくりをしているのかがわかりにくい。赤字にならず、収支がそこそこという状態だとなおさらそういう状態になりがちで、支出にはいきおい無頓着になる。

それに引きかえ、目の前から現金が消えていけば、ひと月分のお金の流れがはっきりとつかめる。このとき、家賃や光熱費などの固定費、食費、雑誌代、通信費などというように、目的別の封筒に分けておくのもいいだろう。

実際にいくら使うかはわからないので、給料を何等分かにするといったおおまかなものでもかまわない。最初の金額を書いておけば、袋の中の残金を確認するだけで、自分がどのくらい使ったかを知ることができる。

お金の流れを知ることは、家計管理の第一歩だと心得ておこう。

生活費の残りを貯蓄するのではなく貯蓄の残りを生活費に

お金を貯める基本的な方法とは、毎月、一定額をコツコツと積立てていくことである。とはいえ、「毎月、食べていくのもギリギリで、積立てなんてとても無理。もっと給料が高ければなあ……」などと、ため息をつく人も少なくないだろう。

そういう人はもしかしたら、収入から生活費を引いて、残りのお金を貯蓄に回そ

うと考えてはいないだろうか。だが、残念ながらこの考え方ではいつまでたっても
お金は貯まらないだろう。

人間というのは、お金があればある分だけ使いたくなってしまう生き物である。たとえ給料が上がったところで、「もう少しいいスーツがほしい」「もうちょっと便利なところに引っ越そう」と、支出のほうも増えていきがちなのだ。

結局、お金が余らないから貯蓄をする余裕などなくなってしまう。

そこで、毎月の収入から、まず積立て分を引いて、残りのお金で生活をするスタイルに変えてみよう。いろいろ使ったあとで貯蓄分を残すのは難しいので、先取りしてしまおうというわけだ。

積立ての金額は、それぞれの生活や収入に応じて無理のない範囲で決めていけばいい。積立てをするために月々の収支が赤字になってしまっては、本末転倒だからである。

といっても、さすがに５００円や１０００円ではあまりにも微々たる金額にしかならない。せめて１万円以上は確保したいものだ。

たとえば、月々３万円を積み立てていくとする。すると、それだけで年に36万、10年続ければ３６０万貯まる。

たしかに、「積立て分を差し引いて生活できるのかなあ」という心配があるかもしれない。当然のことながら、今までと同じように使っていては赤字になってしまうだろう。

しかし、持っている範囲内でやりくりするという習慣こそが、あなたを「貯蓄優先主義」の体質に変えるのである。

特集２

"儲けの鉱脈"は、意外な場所に眠っていた！

消費者の満足感を演出する「フレーミング効果」って何？

テレビショッピングを見ていると、よく「今なら同じお値段で商品をもう1個おつけします」というフレーズを耳にする。「同じものを2個持っていてもしかたない」と思う人もいるかもしれないが、こういう売り方が多いのは現実によく売れるからなのだ。

ここには、売る側の巧みな「お得感」の演出がある。

たとえば、「ハンバーガーの半額セール」と、「ハンバーガー1個の値段で2個セール」をやったとする。売り上げが伸びるのは間違いなく後者だ。

理屈で考えれば、ハンバーガー1個の値段はどちらも同じである。しかし、それを買う側が受ける印象で考えてみると、半額のハンバーガーよりも、いつもと同じ値段で2個のハンバーガーを食べられるというほうが不思議とお得感を得られるのだ。

表現のしかたをちょっと工夫するだけで、「買わなきゃ損」と思わせる巧みなやり方なのだが、じつは身の回りのいろいろな場面でも使われている。

たとえば、「使用者の10人にひとりがクレームをつけてくる」という商品でも、「お客様満足度90パーセント」といえば、多くの人が認めているような気になる。

同じように、スーパーの店頭でステーキ肉が「赤身80％」と書かれているのは、「脂身20％」と書くよりもおいしそうに見えるからである。

このように、同じ事実であってもどう表現するかで消費者の評価が上下することを「フレーミング効果」という。言葉は魔物というが、使い方ひとつで消費者の購買意欲を大きく左右してしまうのである。

どうしてディーラーの試乗車は「フル装備」なのか？

たとえば、レストランでコース料理を頼んだとしよう。メニュー通りに運ばれてくる料理を食べていると、頼んだ覚えのないものがテーブルに置かれた。「あれ、こんなのコース料理に入っていたかな？」と迷ったが、店員が持ってきたのだから間違いないのだろうと食べることにした。

ところが、すぐに店員が戻ってきて、「失礼しました、これは別のお客様ものでした」とそれを持ち去ってしまった。こんな時に味わう失望感は、かなり大きい。

もともとコース料理に入ってないのだから、残念がる必要はないはずなのに、一度自分のものになりかけたものを失うと損をした気分になるのである。

　この場面で働いているのは、人間の「現状維持」の感覚である。一度でも自分が手に入れたものは、もう「自分のもの」として認識してしまい、そこに価値を見出してしまう。だから、結局それが手に入らなければ大きな喪失感を味わうことになるのだ。

　ところで、ビジネスにもこの心理を応用することができる。たとえば車の試乗だ。車のディーラーで準備されている試乗車は多くの場合、フル装備車だ。そして、それを試乗した人は、フル装備を当たり前の状態として受け止める。

　つまり、フル装備車がその車種の「現状」となり、その客にとってのいわば「基準」となるわけだ。

　逆に、そこから装備をひとつずつ落としていくのは、当然のことながら大きな喪失感を伴うことになる。結果的になるべくフル装備車か、それに近いものを買う（買わされる）ことになるのだ。

　売る側としては、なるべく価格の高い状態を「現状」として客に見せることが重要なのだ。

完売、売約済み……チラシに踊る決まり文句のウラ事情とは？

　新築の住宅やマンションのチラシには、よく「完売」の2文字が躍っている。こ

今だけキャンペーン！
さらにプレゼントもついてくる！
なんだなんだ？
プレゼントにまどわされて高い買い物をしてもおトク!?
おトクだって
普通の人々
お金持ちになれる人

れを見ると、住宅購入を考えている人はなぜか遅れをとったような気分になってしまうものだ。

ただし、「完売」「売約済み」は鵜呑みにしてはいけない。戸数の多いマンションだと、たいてい何回かに分けて売り出されるため、1期目が完売ということもあるからだ。

また、販売目標を70パーセントくらいに設定しているケースも多く、目標が達成できた時点で「完売」と表示する場合もあったりする。

しかし、一般の消費者はこのカラクリを知らないので、完売したと聞くと勝手に焦ってしまい、「急がなくては売り切れてしまう」という思いに駆られてしまうのだ。「限定生産」「残り○個」「本日限り」などと限定されると、何としても手に入れたくなってしまう心理も同じである。

特に以前から買おうかどうか迷っていた場合には、これらのフレーズは絶大な効果を発揮するのである。「この機会を逃したら手に入れられないかもしれない」「先に買われてしまうかもしれない」という危機感は、その人の冷静な判断力を失わせてしまうのだ。

とはいえ、住宅はけっして安い買い物ではない。「完売」や「売約済み」に躍らされず、じっくりと見極めたいものである。

ついつい引き寄せられるパチンコ店の心理作戦とは？

お金がない時に限ってなぜか足を向けたくなる場所がある。パチンコ店だ。

なけなしの2000円が倍になれば、いや、一度大当たりすれば3万〜4万円くらいになるかも…とワラにもすがる思いで台の前に座ってしまい、結局スッカラカンになってしまうのである。

しかし、それでもパチンコで儲けようと考える人は、たいてい数万円単位の「勝ち」を過去に何回か経験していることが多い。

たしかに最近のパチンコは大当たりすれば3万〜4万円程度の金額が見込めるが、その当たりを出すまでには相当の軍資金をつぎ込まなければならない。

そんなことはわかっていても、時には1000円で当たるという運に恵まれたりすることもあるので、それほど資金を投下しなくても当たるのではないかと考えてしまうのだ。

これを説明するのに、チンパンジーを使ったこんな実験結果もある。

2匹のチンパンジーにレバーを引くと餌が出るという装置を用意するのだが、片方の装置はレバーを引くたびに餌が出て、もう一方はレバーを引いても時々しか餌が出てこないようにした。

これをそれぞれのチンパンジーに与え、しばらくしてから装置の使い方を覚えた頃にレバーを引いても餌が出ないようにした。

すると、常時餌が出ていた装置を使っていたチンパンジーは、諦めたのかそのうちにレバーを引かなくなるが、たまにしか餌が出なかった装置を使っていたチンパンジーは執拗にいつまでもレバーを引き続けたのだ。

これは、〝たまに〟与えられる餌につられた行動で、人間もたまに与えられる報酬に快感を覚えて、ギャンブルがやめられなくなってしまうというのだ。これを「間歇《かんけつ》強化の法則」という。

たまのチャンスに対して期待を膨らませること自体はけっして悪いことではないが、思い通りにならないとそれだけ金銭的な損害も大きくなることを忘れないようにしたい。

お店の「メニュー」はお客の目線を意識しているって本当？

居酒屋でもファミリーレストランでもいいので、メニューを開いた時に自分の目の動きを意識してみてほしい。

広げたメニューの上を「Z」の文字の形をたどるように視線が動いてはいないだろうか。

じつは、これは人間の習性である。視線はふつう、左上から右上、そして左下から右下という流れで動いていく。だから書籍や雑誌などの出版物でも、一番目立つ写真や読ませたい記事は左ページの上に載せることが多い。ページを開くと、まずそこに目がいくからだ。

メニューも、じつはこれを利用している。たいていは左に開くつくりになっているのは、開いた時に自然に左上に目がいくようにするためだ。

意識して見てみると、左上のスペースにその店のオススメ料理、言い換えればその店が最もオーダーしてほしいと期待しているメニューが大きく紹介されているる。もちろん写真なども豪華で目立つようにレイアウトされている。

見方を変えれば、こういうこともいえる。メニューというのは、その店が準備しているものすべてを均等に紹介して、客に自由に選んでもらうことが目的ではないということだ。

客に最も注文してほしい料理を意図的に目立つ位置に配置して、それがより多く注文されるように仕向けているのである。

「小出し」にされるとなぜ人は高くても買ってしまうのか？

こんな話がある。美術の好きな人が書

店でルネサンス期の画家を集めた5巻の美術全集を見かけた。値段は3万円である。手頃な値段だし、好きな画家の作品が数多く収録されているので思い切ってその場で注文した。

数日後、その美術全集5巻の入った箱が届いた。中にはパンフレットが入っていて、「今なら残り20巻が15万円！」とある。ルネサンス期の画家を収録した5巻以外にも「印象派」「現代美術」などを扱った巻があり、それら20巻が15万円だというのだ。

結局、美術好きなその人は、15万円を出して全巻を手に入れたのだが、じつは、ここには売り手の巧妙な心理作戦が隠されている。

よく考えてみれば、この美術全集は25巻で18万円ということになる。しかし、もし本屋で25巻18万円の全集を見ても「高いな」と思って買うのをためらってしまうだろう。

ところが、本屋に並んでいたのは5冊だけ、しかも3万円である。これなら「買ってもいい」と考える人は多いはずだ。そして、それを購入したところで残りを見せられるのだ。

値段の高いものを売ろうとしてなかなかうまくいかない場合は、小出しにする。これは消費者の購買意欲を逆手にとった巧妙なやり口なのだ。

なぜかダマされる「コール&レスポンス」のコワい仕組みとは？

ロックのライブなどでアーティストが「イエーイ！」と言えば、ファンが「イエーイ！」と返すのを「コール&レスポンス」という。ファンとアーティストとの掛け合いだが、このコール&レスポンスが悪用されているのが催眠商法だ。

セミナーという名を借りて人を集め、コール&レスポンスをしながら無料の試供品を配って会場全体を興奮状態にしたところで、集団心理を利用して高額商品を買わせてしまうのである。

試供品を配って盛り上がるまでは、客にはいっさい負担はかからない。そこですんなり「終了」を告げるのだが、客はもうその場の雰囲気が楽しくなって、さながらアンコールを待つファンのような状態になっている。催眠商法の本番は、ここから始まるのだ。

「今日のお客さんはとてもいい方ばかりだから、特別に用意した商品を紹介しちゃいます」などと叫び、まずは「これ500円で買う人〜！」と声をかける。当然、まばらな反応である。

それを確かめたうえで、すかさず囁くのが「お金の話になるとやはり人間の本質が見えますね」という殺し文句だ。

手を挙げなかった客にはそのひと言が

チクリと胸に刺さり、手を挙げた数人の客にはこのうえない優越感を与えるのが目的である。

そして会場が神妙な雰囲気になったところで、いよいよ高額商品を持ち出してくる。

「今、説明を聞いて、本当にいいものだと思った人〜！」で「はーい」と手を挙げさせて、さらに「本気でそう思いましたか？」「思いました！」と続き、「今日、手付金を払ってもいいという本気の方はいますか？」とたたみかける。

人は、〝自分はほかの人とは違うんだ〟という特別な意識を持つことに満足する気持ちがどこかにある。そこで、集団の中でそれを自発的に望ませるように仕向け、熱狂する中で冷静な判断を失わせてしまうのだ。

高級ブランドのレンタルサービスはなぜ女性のココロをつかんだのか？

ヴィトン、シャネル、エルメス、プラダ…。いつの時代でも、ブランド品は女性の心をつかんで離さない。とはいえ、ブランドものは数万〜数十万円以上もするシロモノだ。

そこで、そんな女性の心をつかんで人気なのが、高級ブランドのレンタルサービスである。本来なら数十万円もする商品が1週間数千円でレンタルできてしまうのだからたしかにお得だ。

しかし、ブランド品はなくても困らないものである。それなのに、なぜそこまでブランドにこだわってしまうのだろうか。

じつは、彼女たちは前述した「顕示的消費」という行動に突き動かされているのである。この言葉を生み出した経済学者ソースティン・ヴェブレンによれば、上流階級の人々は生活に必要だからという理由ではなく、その地位や財力を誇示するために消費するのだという。

心の奥底にある「見栄をはりたい」「見せびらかしたい」という気持ちが、ブランド品を持つという顕示的消費につながっているのだ。

しかも、人は外見や肩書きで他人を評価しがちになる。この心理を「ハロー効果」というのだが、ブランド品を身につけていれば「おしゃれ」「リッチ」などという評価が得られ、そのことでも自己満足度はアップするのである。

商品の置かれた位置によって売れ行きはどう変わる？

同じような服を売っているブティックでも、いつまでも眺めていたい店や実際に買いたくなる店と、購買意欲をかき立てられない店がある。

似たような商品でも、魅力的に見えた

り、つまらないものに見えたりするのはなぜなのだろうか。大きなカギを握るのは、ディスプレイだ。

といっても、発想は単純なものである。人間は高い位置にあるものを高価で立派なものに感じ、低い位置にあるものを安っぽく感じる。だから、高価な服は客の目の高さよりもやや上に飾るようにすると、ただでさえ高価で上等な服がますますいいものに見えるのだ。

高価なものこそ、高く、目立つ位置に飾ることで「こんないいものを身につけてみたい」という客の心理を刺激するわけだ。

人間関係でも、自分よりも身長の高い相手に対しては何となく偉そうに見えたり立派に見えたりするものだ。逆に、自分の上司など地位が上の人であっても、身長が低い人に対してはあまり威圧感を感じなかったりする。

ブティックの商品も同じように、見上げることでさらに大きな魅力を感じさせて、つい財布のひもを緩めさせてしまうわけだ。

しかも、あまり小さくちまちまとたたんでしまうとその商品が貧弱に見えてしまうので、なるべく大きく見えるようにたたんで、広いスペースを使うように陳列すると、その店がいかにその商品を大事に扱っているかが客にも伝わるのだ。

化粧品を買いにいくと、やけに多めにサンプルをくれるのは？

デパートの1階にある売り場に足を運ぶと、きれいにメイクした販売員が愛想よく対応してくれる。おまけにクリームをたったひとつ買っただけでも「こちらもお試しください」と、化粧水やパック、美溶液などのサンプルをどっさりと持たせてもらえたりする。

客としては、このようなサービスを受けると特別扱いされているような気がしてうれしくなるものだが、じつはそこには「うれしい」という気持ち以上に「返報性の原理」という心理が働いている。

この返報性の原理というのは、他者から施しを受けたら返さなければならないと思うことだ。

化粧品のサンプルの場合は、客は自分が支払った対価よりも多くのものをもらったのだから、お返しに今後もあの店に行かなくてはならないという気持ちになる。

一方の店側にとっては、サンプル商品で客に小さな〝貸し〟をつくっておくことで、リピートして商品を買ってもらうという大きな見返りが期待できるというわけだ。

「無料サンプルを試してからでないと、商品をお売りできません」などとうたっている通販商品も、一見、自社製品への自信をアピールしているように見えてこの人間心理を人知れず利用しているのである。

口には出さず客の行動に制限をかける　スタッフの㊙ワザとは？

下町の定食屋へ行く時と、ビジネス街にある三ツ星レストランに入る時では、服装から言葉使いまで変わってしまうものである。

定食屋ならどんな格好でもいいかもしれないが、三ツ星レストランとなるとそれにふさわしい装いをしなければならないと思うのが自然だろう。

じつは、これは「ピグマリオン効果」というキーワードで説明がつく。

子供の頃、親や先生に「あなたはやればできる子」といわれた経験はないだろうか。ピグマリオン効果とは、人は期待された通りに成果を出す傾向があるという教育心理学における心理行動のひとつなのである。

この「ピグマリオン」とは、ギリシャ神話に出てくる神の名前で、彼は自分で彫りあげた理想の女性の彫像に恋をしてしまうのだが、その切ない思いを見かねた別の神によって彫像が人間化され、めでたく結婚したという逸話がある。期待すれば、相手もそれに応えようとするというこの逸話がピグマリオン効果の名前の由来となっているのだ。

　そこで、この心理的行動を応用したものが、かの有名なリッツカールトンホテルのスタッフ教育である。

　最高のサービスで知られるこのホテルでは、スタッフは貴族に対するような振る舞いを客にするように教育されている。そうすることによって客がそれに応えようとして品のある行動をとろうとする効果をつくり出しているのだ。

　相手に「こうなってほしい」と願うなら、その人に自分が期待していることがわかるような行動をとればいいのである。

「効果がなければ返金いたします」はどの程度のアピールになる？

「効果が実感できなければ代金をご返金いたします」と大々的にうたっている商品は、化粧品やダイエット食品などに多い。

　そんなことをしたら、全部使ってから「効果が感じられなかった」と返金を要求する人が増えるのではないかと心配になってしまうが、メーカー側にしてみればこれは商品への自信をアピールする方法のひとつなのである。

　さらに、メーカーは全額返品をうたうことで、ある一定の層を取り込もうとしている。それは消費行動が定まっていない消費者だ。

たとえば肌に悩みを抱えている人は、新しい商品が出ると試してみたくなる。自分の肌に合った運命の化粧品との出会いを求めて日々さまよっているが、こういう消費行動をする人はけっこう多い。

つまり、「これ」と決まったお気に入りを持たない人に対して、敷居を低くすることでまずは試してもらおうという作戦なのだ。

日本人がいまだに「株式投資」をしたがらない心理的根拠とは？

デイトレーダーは、1日に何度も株を売り買いし、成功すれば1日で何千万円と儲けられる可能性がある仕事だ。

しかも、株に関する高い知識が必要でありながらも、自宅のパソコンに向かうだけで莫大な利益をあげる〝カリスマ・デイトレーダー〟の出現もあって、初心者向けのノウハウ本が氾濫するなど一時はちょっとしたブームになったこともある。

ブームになったということは、裏を返せば、ふだんは株についての関心はそれほど高くないということでもある。実際、日本は欧米より、株式投資をしている人の割合が圧倒的に少ない。

その理由は、日本人が「利益を上げる

ことよりも、不利益を被ることのリスクを重要視する」からだといわれている。

たしかに、なんだかんだといっても株はギャンブル的要素が大きい。いくらマーケットの動向を研究しても、１００パーセント儲かる保証などどこにもない。ほぼ間違いなく１００万円を得られる見込みがあっても、１００万円を損する可能性はゼロにはならない。

１００万円の利益を手にした満足感と、１００万円の損失を出した時の失望感を天秤にかけた場合、後者のほうを重視してしまうのだ。

こうした心の動きは「プロスペクト理論」と呼ばれ、心理学的にも解明されている。リスクを伴う決定がどんなふうに行われるのかについての理論で、誰もが持っている心理的傾向なのだ。

気温が１度変わると、ビールの売り上げはどう変わる？

「１度の経済効果」を知っているだろうか。気温が１度上がるか下がるかすることで、売り上げが大きく変化する商品があるのだ。

その代表的なもののひとつがビールである。一般に、気温が22度になると売れ行きが急に上昇し始めるといわれている。それが24度になると、さらに上向きになる。そして28度を過ぎると、１度上昇するたびに、大瓶にして１００万本ずつアップするというのである。

じつは、ビールの売れ行きを左右するのは気温だけではない。天候も関係している。

たとえば、同じ33度の気温でも、晴れの日のビールの売り上げを１００とすれば、曇りの日は90、雨だと80くらいになる。１００と80という数字を並べても、あまり大差ないように思えるが、これを本数に換算すると、数百万本もの違いになるのである。

ちなみに、これらの統計は、だいたい夕方5時以降の気温を比較しており、真っ昼間というわけではない。つまり、ひと仕事終えて「さあ、ビールでも飲むか」という気分になる時の気温による統計なのである。

興味深いことに、気温35度を超えると、逆にビールの売り上げは減少していく。つまり、あまり暑すぎると、人はビールさえも飲みたくなくなるというわけだ。

きまってテスト販売のエリアに選ばれる静岡と広島の県民事情とは？

静岡県と広島県。隣り合っているわけでもないこの2つの県には、じつはある共通点があるのをご存じだろうか。

企業が新商品を販売する時には、全国販売に先駆けてまずは特定の地域で販売を行い、その売れ行きをテストすることがある。

社運がかかった新商品など、事業のプロジェクトが大きくなればなるほどこういったことは慎重に行われるが、そのテスト販売がよく行われることで知られるのが静岡県と広島県なのだ。マクドナルドのメニューの中にも、広島の店舗で先行して登場したということがあるほどだ。

気になるのはなぜこの2つの県が選ばれるのかという理由だが、「新しいモノを受け入れ、それに対してアクティブに行動する」という両県の県民性が新商品テストにピッタリだからなのだ。

自動車や楽器などの世界的な企業が立ち並ぶ静岡県は、古くから産業を中心に発展してきた。関東と関西を結ぶ東海道で多くの宿場町を抱えた静岡県は古くから多くの人とモノが行き交い、そこに暮らしてきた人々には自然と新しい文化を取り入れる下地ができているのだ。

一方の広島県人は、海外への移住者数が全国でも常に一、二を争うというほど新しい文化や価値に対しての抵抗がなく、フットワークがよく行動力もあるとされている。

そういった県民性に、年齢構成や物価、所得などが全国平均に近いという条件が重なって選ばれたのが静岡県と広島県というわけだ。

県民性を侮ってはいけない。新商品として全国展開されるか、テスト販売だけで終わってしまうかは、東京や大阪といった大都市ではなく、じつはこの2県でいかに支持されるかにかかっているのである。

「無料でお試しキャンペーン」は実際、なにを狙っている?

今や商品の機能や価格よりも、サービスに力を置いて勝負しようというのが流通業界だ。なかには、生鮮食品やベッドのマットレスでも満足できなかったら返品可能というサービスを実施している店も少なくない。

だが、このような返品サービスが店に多大なリスクをもたらしたという話はあまり聞いたことがない。それは、前述した「保有効果」が働いているからだ。

保有効果とは、人は一度手にしたものを手放したくないと思う気持ちが起こることをいう。

たとえば、拾ってきた子犬の里親が見つかるまで面倒を見ていると、いざ里親に譲る時になると手放したくないと思ってしまう。動物には情が移るということもあるが、モノに対しても同じような感情は起こるのだ。

テレビの有料放送のチューナーを一定期間無料で貸出するキャンペーンなどで

も、一度チューナーを保有してしまうと手放したくなくなってしまうのと同じことなのだ。

　結局、多くの人が有料の会員になってしまうのも保有効果のせいなのである。

「雨の日こそ特売したほうがいい」といわれるのは？

　多くの商売にとって雨は大敵だ。特にスーパーマーケットの場合は、雨が降ると客足が遠のく。そこで店が考えるのは、雨の日の特売だ。

　客が少ない雨の日に特売をしたら、ますます売り上げが減るという考え方もあるが、長い目で見れば店のイメージアップにつながり、かえって信頼を高め、固定客を増やす大きな原動力になるのだ。

　客の立場になって考えてみると、それがよくわかる。

　雨の中を出掛けてくるくらいだから、おそらくどうしても買わなければならないものがあるはずである。そんな時に思ってもいなかった特売品があると、とても得した気分になるはずだ。やっぱり来てよかったと思うだろう。

　そして「雨が降っていても、ちゃんと客のことを考えている店」というイメージを持つ。これを繰り返せば、いい店としてのイメージが定着するし、雨の日の客足も増えるのだ。

「誕生石の法則」に見え隠れする業界のカラクリとは？

宝石を愛する女性は多い。

たとえば、婚約指輪は女性が最も贈られたいもののひとつだが、平均して30～40万円のものが多いらしい。

かつて「給料の3ヵ月分」という宣伝コピーが有名になったことがあったが、同じ頃のアメリカでは「給料の1ヵ月分」と宣伝されていた。

日本人のほうが気前がよさそうに見えるが、これはじつは日本人の給料がアメリカ人の3分の1程度だったからで、当時アメリカ人と同じ指輪を買うために日本人は3ヵ月働く必要があったのだ。

婚約指輪と同じように女性が欲しい宝石といえば、誕生石だ。自分を守ってくれるという意味もある誕生石は自分で買ってでも身につけたいと思う女性は多い。

この誕生石を考え出したのはアメリカの宝石業界だった。1912年のことである。

誕生石制定のもとになったのはG・F・クンツという鉱山学者・宝石学者が作ったリストだった。クンツは旧約聖書や古いユダヤの風習などをもとにして各月ごとに誕生石を決めていき、これをもとにしてアメリカの宝石業界は誕生石のリストを作って世界に向けて発信したのである。

しかし、このリストはあくまでもアメリカの業界が自国の消費者の嗜好や生活習慣などをもとにつくったものであり、どの国にも当てはまるというものではなかった。当然、各国の宝石業界は、自国でよく売れる宝石や好まれる宝石、売りやすい宝石をリストに入れて独自の誕生石リストができたのである。

どんなロマンチックな〝法則〟にも、そのウラには業界の思惑が潜んでいるものだ。

CMに起用されるタレントと、商品売り上げの関係とは？

〝ＣＭの女王〟という言葉があるほど、女性タレントたちは自動車やコスメ、飲料と、じつにさまざまな商品の顔になっている。

そしてオリンピックやサッカーのワールドカップなどのスポーツのビックイベントが近くなれば、今度はそこに出場する一流アスリートたちがさまざまなＣＭに顔を出してくる。

あるスポーツドリンクのＣＭでは、オリンピックで金メダルに輝いたこともあるマラソンランナーが登場し、その商品を飲んで走っている姿が映し出され、そこに絶妙なタイミングで「体脂肪燃焼に効果的なドリンクです」というナレーションが流れた。

たしかにこのCMを見ると、あの○○選手も飲んで走っているということは、これを飲んで運動すればかなり脂肪を燃やせそうだと思ってしまう。そして、スーパーやコンビニエンスストアでその商品を見かけるとつい買い物カゴに入れてしまうのだ。

この一連の行動は、CMマーケティングの世界で研究されている消費者心理をまさにそのまま再現している。

一般的に、CMに出演している人物の好感度が高いほど、そのCMが伝えるメッセージに対する消費者の信頼度が高くなるとされているのだ。

つまり、商品のメッセージをより強く伝えるためにネームバリューのある人物がCMに起用されることになる。それは商品に合わせてアスリートやお笑いタレント、時には有名レストランのシェフや経済評論家がイメージキャラクターに使われるのだ。

一般の人にとっては別世界の話だが、実力もルックスも兼ね備えたアスリートは、CMの契約金だけで年間億単位のカネを稼ぐことができるのである。

給料が安くても満足する人、高くても不満な人の違いは何？

「もっと給料が高ければなあ」とは、誰もが思うことである。上を見ればきりがないが、不思議なことに高い給料をもらっているのに不満をもらす人がいるかと思えば、そこそこの金額でも満足している人もいる。

この違いはどこからくるのだろうか。もちろんその人の性格によってものごとのとらえ方はさまざまだ。とはいえ、人間の満足度には、他者との比較が大きく影響してくるのである。

たとえば、こんな話がある。入社当初、3年後の月給が30万円くらいになっていてほしいと考えていた社員が、3年目には35万円をもらっていたにもかかわらず、不満を持っていた。その理由は、「たいして働いていていない同僚が、自分と同じような給料をもらっているから」だというのだ。

このように、自分の給料だけしか知らなければ十分に満足できる金額でも、同僚と比べたとたんにそれが色あせてしまう。自分が稼いだ金額が気になるのは当然だが、同時に他人の懐も気になるのだ。同僚よりも稼いでいれば満足度は上がり、少なければそれだけ不満が募るというわけである。

逆に、社内では不満を持っていても、同窓会などに出席して自分の給料がクラスメートたちより高かった場合には満足度は増すはずだ。

同じ大きさの円でも、周りを大きい円

で囲んだほうは小さく見え、反対に小さい円で囲んだほうは大きく見えることがある。目の錯覚を利用したものだが、要はこれと同じで、同じ金額でも周囲との比較によって満足度は左右されるのである。

気をつけていてもマルチ商法にハマる危ない心のメカニズムとは

マルチ商法にはまって大金をつぎ込んでしまったというニュースはあとを絶たない。なぜ、そんな口車に乗せられるのかと不思議に思う人も多いだろう。

詐欺師の甘い言葉に誘われてどんどん深みにはまってしまうのは、被害者の「認知的不協和」も一因ではないかと考えられている。人間は自分の持っている経験や考えと現実がそぐわない時に、不快感や居心地の悪さを感じるのだが、この感情を認知的不協和と呼ぶ。

そして、この認知的不協和が起こりそうな場合には、現実を自分に都合のいいように解釈したり、目に入らないようにしてしまうのである。

たとえば、「急いでも急がなくても遅刻するだろうから、走らない」とか、「自分の買ったパソコンが安売りされていると不愉快だから、広告は見ない」などといった具合だ。

マルチ商法の話に戻れば、「この投資

話はおかしいかも…」と考えることは認知的不協和を生じさせることになる。自分がやっていることは間違いではないと思い込みたいために、いったん儲け話を聞いてしまうと引くに引けなくなってしまうというわけである。

しかも、人は一度支払ってしまったお金に対しては、損失を回避しようという欲求が強くなる。そこで、せめてモトはとろうとしてさらなるお金をつぎ込むことになる。先払いしたお金に目が曇り、将来のコストや利益などを落ち着いて判断する力が低下してしまうのだ。

現実をしっかりと受け入れ、方向転換をすることが深みにはまらないコツである。

お金持ちから成功の秘訣をこっそり教えてもらう方法

お金持ちになるコツとはいったい何なのか。

じつはそれを見つけるのに、もっとも手っ取り早くて確実な方法があるのに多くの人はそれを実践していない。ズバリ、お金持ちから聞けばいいのだ。

「そうは言っても聞きにくい」。これが、実践しない大きな理由だろう。たしかに金儲けの方法を他人に聞くというだけで、浅ましい行為のように感じてしまうし、何より相手が教えてくれるはずがないというあきらめもある。

ところが、実際はそうでもないのである。

たとえば、部内で一番の美人を恋人にした同僚がいたとして、「どうやって口説いたのか？」と羨望のまなざしで聞けば、自慢げに馴れ初めを話してくれるかもしれない。

また、妻が出した夕食のおかずがあまりに美味しかったとして、「これおいしいね。どうやってつくったの？」と聞けば、相手はレシピや自分なりの工夫を語ってくれるにちがいない。

人間は自分の成功話は披露したり自慢したいものなのだ。自分が考えたアイデアや知恵などを「すごいだろ？」とアピールしたいのである。だから、恋人や料理の話はよくて、お金の話がタブーなわけがない。

そこで、そういう話を聞きたいなら、経営に関するセミナーや講習会に積極的に出向いてみるべきだ。あまりに場違いな内容では居心地が悪いが、比較的容易に参加できるものもけっこうある。

この手の講習は、終わった後に懇親会と称してちょっとしたパーティが開かれたりするので、そのときがチャンスだ。

もちろん、ダイレクトに「話を聞かせてください」とぶつかってみるのもいいが、そういう人にまずは気に入られ、

「こいつは見込みがあるな」と思わせるのが先決だ。

黙っていても成功のための秘訣をアドバイスしてくれるし、あわよくば相手が成功へのステージへと引っ張りあげてくれることもあるかもしれない。まずは、話しかけて距離感を縮めてみるのが近道だろう。

有名な経営者の本などを読めば、成功者といわれる人々も、最初は成功者を真似ることから始めている。

いずれにせよ、成功者へのリスペクトを込めれば、彼らは快くヒントをくれるはずだ。「他の誰でもない、あなたという成功者に聞きたい」という真意が伝われば、彼らだってけっして気分が悪いはずがないのだから。

そもそも通販サイトにはどうしてレビュー欄があるのか

商売をする人にとってネットのクチコミは侮れない。誰もが気軽に情報を発信できる今、自社の商品や客への対応がネットでどう評価されるかで企業イメージは大きく変わってくるからだ。

そして、何よりも重要なのは、別の消費者がそのクチコミを目にすることで世間の消費行動が左右され、売り上げに直接影響してくるということだ。

たとえば、メーカーの人に「この商品

は本当に美味しいですよ」と言われても、「そりゃつくった人は売りたいだろうから」「そう言うよな」とイマイチ買う気にはなれないが、まったく利害のない第三者が「この商品は本当に美味しかったから、みんなにすすめたい！」と言えば、信憑性はかなり増してくる。

ネット通販などは、このクチコミ効果をうまく活用して成功している典型的な例だろう。

たとえば、通販サイトなどには買った人のレビューの評価とともに商品についての感想などが細かく掲載されている。どれにしようか決めあぐねている場合、多くの人はこのレビューの「☆（星）」の数やクチコミの内容を参考にして購入を決めているはずだ。

同じ内容ならダイレクトに言われるよりも、第三者を通すとより信頼性が高くなる。これは「ウィンザー効果」と呼ばれるものだ。

企業にしてみれば、自分たちで発信するよりも第三者に発信してもらうほうが効果的なので、とにもかくにもクチコミ集めに必死になる。

なかには、レビューを書いてくれたら送料無料など、実費をかけてでもクチコミを書かせようとしているところもあるほどだ。

満足しなければ当然悪く書かれるのだ

から諸刃の剣でもあるが、それを差し引いても余りある効果は期待できる。

副業でネット通販をしているような人は大いに参考になるはずだ。

欲しくなくてもお金を出しちゃう「抱き合わせ商法」のカラクリ

「抱き合わせ商法」という販売方法があるが、これはある商品を売るために、他の商品をセットで販売するという意味だ。

さまざまなケースがあるから一概にはいえないが、人気のゲームソフトに不人気なゲームソフトをくっつけて販売したケースなどは社会的にも問題になった。悪質でひどいケースとなると、公正取引委員会から注意や処分を受けることもある。

また、ここまでではないものの、それに近い事例は身近にも転がっている。

たとえば、クルマを買った時のエアロパーツなどのオプション、楽器を買った時のメンテナンスグッズ、靴なら消臭スプレーや靴下など、本来は買う予定はなかったのに、気づいたらすすめられるがままに買っていたという経験はないだろうか。

すでに触れたが、これは「テンション・リダクション効果」という心理効果を利用しているのだ。

テンション・リダクション効果とは、

特に高い買い物をした時など、客が購入を決心して緊張が緩んだ隙に別の商品をすかさずすすめて買わせようとすることだ。最初からセットになった抱き合わせ販売とは異なるが、結果としては同じことになる。

大手ネットショッピングサイトで、何か商品を購入すると「この商品を買った人はこんな商品も買っています」などと関連商品がずらりと表示されたりするが、これも同様だ。

買う側としては購入を決めてホッとしているから、深く考えずに「ついでに買っちゃうか」とポチりやすくなってしまう。我にかえった時に「これは余分な買い物だったな…」と後悔しても時すでに遅しなのだ。

トレーニングに特化した デイサービス市場が拡大するワケ

高齢者の増加とともに拡大してきたのが、デイサービス市場である。

デイサービスとは、「通所介護」のことだ。介護職員や生活相談員、看護職員がいる施設に日帰りで通って、食事や入浴など日常生活で必要な介護や、レクリエーション、機能訓練などのサービスを受けることができる。

デイサービスは利用者の孤立や心身の衰えを防ぎ、在宅で介護する家族の負担を少なくできることからニーズが高い。

しかも、デイサービス市場は初期投資が小さくて済むため、建設業や大手電機メーカー、スーパーなど知名度の高い異業種の参入も相次いでいる。

ただ、利用者が急増したことで近年は競争も激化している。利用料は介護サービスの公定価格である介護報酬制度でほぼ横並びになるため、事業者はそれぞれ特色を出して利用者を獲得しないと倒産するケースも少なくないのだ。

そうしたなかで注目されているのが、フィットネスクラブのような雰囲気でトレーニング中心のサービスを提供するデイサービス施設である。

たとえば、32都道府県に１２０カ所を経営するトレーニング中心のある施設は半日型のデイサービスで、休憩や準備の時間も入れて約2時間半の筋力トレーニングや体操などに通所者が励む。

トレーニングマシンは数種類あり、高齢者にも負担にならないように考慮されている。３カ月ごとに体力測定を実施して関節や筋肉など身体の働きがよくなることを目指し、その人が介護を必要とする程度を表わした要介護度が軽くなった人も少なくない。

だが、介護報酬は要介護度が重いほど高くなるように設定されている。ということは、利用者の要介護度が軽くなると事業所の収入は減ってしまうことにもなりかねない。

じつは、２０１８年度から介護保険法が改定され、食べたり歩いたりなど高齢者が日常生活で使う身体機能を高め、高齢者の「自立支援」を支援する事業所には介護報酬を手厚くする仕組みが始まっている。

こうした流れのなかで、ある大手スポーツ用品メーカーは数年前から運動機能の訓練に特化したデイサービス事業を拡大。スポーツ用品開発のノウハウを生かした運動プログラムなどで利用者を増やしている。

同社では、１施設あたり年間約４０００万～５０００万円の売り上げを目指すと意気込んでいるという。

これら簡単なトレーニングやリハビリなどを行うデイサービスでは、利用者が自己負担する料金にプラスして介護給付も確実に入ってくる。利用者さえしっかりと獲得することができれば、ビジネスとして成り立つのである。

ネット全盛の時代にあえて〝リアル店舗〟を構える㊙戦略

自宅にいながら買い物ができるインターネット通販は、便利なこともあって近年著しく成長した市場だ。だが、そうはいっても消費者のほとんどは今もなおリアル店舗での買い物を続けている。

日常生活品でもトイレットペーパーや米などかさばって重たいものはインターネット通販で届けてもらうが、肉や魚は実際に自分の目で見て買い物をしたいという消費者も多いだろう。

また、インターネット通販は手軽とはいえ、意外と手間がかかって面倒でもある。

インターネットショップで買い物をするためには、まず登録が必要だ。アカウントを取得し、パスワードを設定し、注文フォームで住所や氏名はもちろん、メールアドレス、クレジットカードの番号などを打ち込むのにはそれなりの手間と時間がかかる。

しかも、インターネット上でのカード決済は、クレジット番号など個人情報の流出につながるのではと懸念する人も少なくない。

こうした消費者の気持ちを背景に、リアル店舗も独自の強みを活かしてあの手この手で攻勢をかけている。

たとえば、インターネット通販に押され気味の書店だが、ある書店の大型リアル店舗では書籍に精通したコンシェルジュがいたり、講演会などのイベントが開催されたりと、書店に足を運ぶのが楽しくなるような工夫がされている。

カフェが併設されている書店も増えて

きており、ただ単に「買う」だけではなく、来店時のワクワク感がプラスされているのだ。

ある大型ショッピングセンターでも、昔からお馴染みの特撮ヒーローショーといったイベントの開催や、スポーツ施設やアミューズメント施設の併設など、ファミリー層はもちろんのこと、カップルや友人と来ても楽しめる店舗づくりに力を入れている。

自宅で手軽にできるネットショッピングとは正反対にわざわざ外出するリアル店舗だからこそ、楽しくて心が弾むような買い物をしてもらおうというのが販売戦略だ。

こうした「また来たい」と思わせるようなエンターテイメント性が、今後もリアル店舗が生き残っていくためには欠かせないカギになってくるにちがいない。

意外に知らないペット業界のお金のカラクリ

ペットといっても今は犬や猫だけではない。ハムスターやウサギはもちろん、フェレットなど以前は一般的ではなかった動物、あるいは両生類、爬虫類もペットショップの定番商品になった。ペットの種類が増えるにつれビジネスチャンスも増えているのだ。

もともとは景気にあまり左右されない

ペット業界だが、都市部では近年、賃貸マンションや賃貸アパートで動物が飼える物件が増えている。不景気の影響で賃貸物件の動きが減ってきたために「敷金をプラスすればペット可」など、入居条件を緩める家主が多くなっているのだ。

新築マンション等では、設計段階からペットのための出入り口や洗い場を作って動物との共存をうたい文句にした物件もある。社会全体がペットのいる暮らしを容認する方向に動いているのは間違いない。

そんな世の中の動きも追い風になって、現在ペット関連の小売店は全国に約６０００店ほどもあり、市場規模は１兆５０００億円超にまで膨れ上がっている。

扱われる商品は、まず動物そのもの、つまり「生体」だ。それにケージや水槽、寝床やトイレなどペットを飼ううえで必要な「用品」、そして「ペットフード」に大別される。売上の半分は「用品」で、次が単価の高い「生体」、そして「ペットフード」は全体の１割程度だ。

しかし生体を買えば、その後も継続的に用品やペットフードも売れ続けるので生体を安くしている店もある。

犬や猫などはブリーダーから仕入れるが、一部の犬、猫や外国産のペットは輸入業者との取引になる。

また、鳥や魚類などは生産業者が養育

したものを市でせり落とす場合が多い。獣医やトリマー、訓練士などとのつながりも不可欠だ。

ただペットにも流行があり、人気が出れば価格も上がるが、ブームが去ると生き物だけにその後どうするかが問題になる。時流に敏感でなければ、成功することはできないのだ。

また、輸入動物などは検疫で病気などが発見されて輸入禁止になることもあり、商品確保も難問だ。以前、人気のあったプレーリードッグが病気により輸入禁止になって希少価値が一気に高まり、国内繁殖のプレーリードッグの価格が高騰したのはその例だ。

とはいえ、美容院やペットホテルなど周辺ビジネスへの展開もあり、裾野は広い。

人間とペットの関係は、これからもますます緊密になっていくだろう。顧客との信頼関係ができれば長期にわたるビジネス展開も可能だし、将来有望であることは間違いない。

■参考文献

『あなたを幸せにするお金のレッスン80』（逢坂ユリ／成美堂出版）、『お金のことでくよくよするな！』（リチャード・カールソン・小沢瑞穂訳／サンマーク出版）、『20代からはじめるお金をふやす１００の常識』（酒井富士子／秀和システム）、『住宅・教育・老後のお金に強くなる！』（浅田里花／集英社）、『お金が殖える！２００の方法』（石井勝利／成美堂出版）、『お金をふやす本当の常識』（山崎元／日本経済新聞出版社）、『ユダヤ人大富豪の教え』（本田健／大和書房）、『知っておきたいお金の常識』（神樹兵輔／日本文芸社）、『貯金のできる人できない人』（小山信康／毎日コミュニケーションズ）、『運用以前のお金の常識』（柳澤美由紀／講談社）、『みるみるお金が貯まるカンタン節約術』（山崎えり子／ＰＨＰ研究所）、『お金がふえるシンプルな考え方』（山崎元／ダイヤモンド社）、『お金の才能』（午堂登紀雄／かんき出版）、『お金を整える』（市居愛／サンマーク出版）、『１００円のコーラを１０００円で売る方法』（永井孝尚／中経出版）、『心理学雑学事典』（渋谷昌三／日本実業出版社）、『ガラケー男がネット副業で年収５０００万円』（五十嵐勝久／扶桑社）、『数字は人格』（小山昇／ダイヤモンド社）、『儲けのしくみ　50万円からできるビジネスモデル50』（酒井威津善／自由国民社）、『はじめての人のための３０００円投資生活』（横山光昭／アスコム）、『お金に強くなる！（ハンディ版）』（山崎元／ディスカヴァー・トゥエンティワン）、『絶対儲かる「値上げ」のしくみ、教えます』（石原明／ダイヤモンド社）、『これから始まる自動運転　社会はどうなる!?』（森口将之／秀和システム）、『経済は感情で動く』（マッテオ・モッテルリーニ、泉典子訳／紀伊国屋書店）、『日常の疑問を経済学で考える』（ロバート・Ｈ・フランク、月沢李歌子訳／日本経済新聞出版社）、『つい、そうしてしまう心理学』（深堀元文編著／日本実業出版社）、『ビジネス《最強》の心理術』（樺旦純／三笠書房）、『心理操作ができる本』（渋谷昌三／三笠書房）、『これだけは知っておきたい「心理学」の基本と実践テクニック』（匠英一／フォレスト出版）、『行動経済学　経済は「感情」で動いている』（友野典男／光文社）、『おまけより割引してほしい』（徳田賢二／筑摩書房）、『別冊宝島　経済心理のワナ50』（門倉貴史編著／宝島社）、『人はカネで9割動く』（向谷匡史／ダイヤモンド社）、『なぜ、そのとき人は買ってしまうのか？』（山本将嗣／同文館出版）、『あなたはなぜ値札にダマされるのか？』（オリ・ブラフマン、ロム・ブラフマン著／高橋則明訳／日本放送出版協会）、『行動経済学入門』（多田洋介／日本経済新聞社）、『今日からできるウェザーマーチャンダイジング入門』（常盤勝美／商業界）、『女たちはなぜ「口コミ」の魔力にハマるのか』（黒川伊保子／ＫＫベストセラーズ）、『自信をもって生きられる77の心理法則』（齊藤勇／河出書房新社）、『よくわかる心理学　こころの謎にせまる』（尾形佳晃／池田書店）、『色の理由』（木下代理子／廣済堂出版）、『図解　仕事以前の会社とお金の常識』（安本隆晴／講談社）、『プロフェッショナルマネジャー58四半期連続増益の男』（ハロルド・ジェニーン、アルヴィン・モスコー共著／田中融二訳／プレジデント社）、『イラスト図解気になる商売　儲けのしくみ』（近長邦彦／日本実業出版社）、『他人の給料がわかる本』（川嶋光／扶桑社）、『人生お金計画の立て方』（川北義則／サンマーク出版）、『「やらなきゃ、損、損！」サラリーマンが節税できる本』（北村義郎／すばる舎）、『千円札は拾うな。』（安田佳生／サンマーク出版）、『雑学3分間ビジュアル図解シリーズ 金融』（太齋利幸／ＰＨＰ研究所）、『お金を得する情報源』（石井勝利／成美堂出版）、『週刊ダイヤモンド2017/12/23』（ダイヤモンド社）、『日経トレンディ別冊　これ一冊で、一生お金に困らない！』（日経ＢＰ社）、『ＥＡＳＴ　ジェイアールイースト　２０１７年２月号』（ジェイアール東日本企画）、『ＡＥＲＡ　２０１８年２・19号』（朝日新聞出版）、『日経トレンディ　２０１７年11月号』（日経ＢＰ社）、『週刊現代　2018.1.17』（講談社）、国連「World Population Prospects 2017」、ほか

〈ホームページ〉

日経トレンディネット、ビットフライヤー、日経ＸＴＥＣＨ、ＮＩＫＫＥＩ ＭＥＳＳＥ、日経電子版ニューズウィーク日本語版、産経ニュース、時事ドットコムニュース、読売オンライン、日本経済新聞、下野新聞、電通報、毎日新聞、週刊東洋経済プラス、ニッセイ基礎研究所、日経デジタルヘルス、ＮＥＷＳポストセブン、ＮＩＫＫＥＩ　Ｓ

TYLE、楽天証券トウシル、SMBC日興証券、大和投資信託　マネーLifeStyle、SBI証券、円満相続税理士法人、マネーの達人、ファイグー、ダイヤモンドザイONLINE、常陽銀行、老後資金の教科書、NHK　解説委員室、YAHOOニュース、MONEY　PLUS、GMOクリック証券、東洋経済オンライン、佐藤製薬、統計局、花王健康科学研究会、TIPNESS、MONEYzine、オールアバウト、価格コム、トヨタ自動車、国土交通省、三井住友銀行、国税庁、住宅金融公庫、定期借地権推進協議会、厚生労働省、ハローワーク、東京ファイナンシャルプランナーズ、リクルート、社会経済生産性本部、金融広報中央委員会、日本弁護士連合会、日本証券業協会、証券教育広報センター、日本消費者協会、国民生活金融公庫、モバイル・コンテンツ・フォーラム、日本生活情報紙協会、Mocha、大人のクレジットカード、離婚弁護士ナビ、e-Stat、ZAiオンライン、総務省、TREND MICRO、全国銀行協会、iDeCo公式サイト、MONEY　TIMES、タマルWeb、投資信託協会、ZU online、ソフトバンク、マネーの手帳、警視庁サイバー犯罪対策プロジェクト、大和証券、みんなの投資online、野村証券、三井住友銀行、マネーの達人、日本年金機構、日本FP協会、保険見直し本舗、メットライフ生命、オリックス生命、生命保険文化センター、ほか

※本書は、『これだけは知っておきたい！お金の「常識力」』（２００９／小社刊）、『なぜ人は「売れ筋商品」を買ってしまうのか』（２０１５／同）、『「お金」っていま何が起きてる？』（２０１８／同）、『大人のお金〈マネー〉常識』（２００７／同）に、新たな情報を加え、改題の上、一冊にまとめたものです。

編者紹介

マネー・リサーチ・クラブ
ビジネスと経済にまつわるさまざまな情報をあらゆる角度から分析し、日々の生活に役立てることを使命とするプロジェクトチーム。幅広いネットワークを持ち、そのずば抜けた情報収集力と正確に先を読む分析力には定評がある。本書では、「お金」をめぐる世の中の最新事情を徹底調査。損得で大きく差がつく時代を、カシコく生き抜く方法とは——。ビジネス・ヒント満載の㊙マニュアル。

他人《たにん》に聞《き》けないお金《かね》の常識大全《じょうしきたいぜん》

2020年1月1日　第1刷

編　　者　マネー・リサーチ・クラブ

発 行 者　小 澤 源 太 郎

責任編集　株式会社プライム涌光
電話　編集部　03(3203)2850

発 行 所　株式会社青春出版社
東京都新宿区若松町12番1号〒162-0056
振替番号　00190-7-98602
電話　営業部　03(3207)1916

印刷・大日本印刷　　製本・ナショナル製本

万一、落丁、乱丁がありました節は、お取りかえします

ISBN978-4-413-11311-3 C0030

できる大人の大全シリーズ

古代日本の実像をひもとく

出雲の謎大全《たいぜん》

瀧音能之

ISBN978-4-413-11248-2

できる大人はやっぱり！ 語彙力［決定版］

話題の達人倶楽部［編］

ISBN978-4-413-11275-8

できる大人は知っている！

雑学 無敵の237

話題の達人倶楽部［編］

ISBN978-4-413-11277-2

仕事ができる人の 頭の整理学大全《たいぜん》

ビジネスフレームワーク研究所［編］

ISBN978-4-413-11287-1